Hans Freudenberg (Hg.)

Religionsunterricht praktisch – 3. Schuljahr

8. Auflage

Vandenhoeck & Ruprecht

Religionsunterricht praktisch
Unterrichtsentwürfe und Arbeitshilfen für die Grundschule

Unter Mitarbeit von
Christel Arens, Doris Becker, Gisa Bonmann, Gerhard Finger, Sabine und Hans Freudenberg, Elke Grothe, Dorita Haghgu, Inge Hofmann, Martina Hoppe, Ingrid Horschler, Martina Kamm, Hannelene Knepper, Eleonore Köster, Hilde Korthaus, Ellen und Siegfried Krüger, Bärbel Kuhlmann, Ute Langewellpott, Martina Langner, Wilma Neugebauer, Inge Niemeier, Inga Pfeifer, Ulrike Pinnow, Peter Rasmus, Harald Rörentrop, Brigitte Roth, Barbara Schauwecker, Gisela Schubert, Ute Schulze-Selmig, Juliane Schumacher, Ingeborg Schwiebert, Anita Stäubler, Kurt-Heinz Stange, Ursula Steffen, Ilona Thiel, Herma Vittinghoff, Beate Voges, Helga Westerholz sowie Karlo Meyer (Religionen)

Religionspädagogische Beratung: Siegfried Macht, Bayreuth
Illustrationen: Rebecca Meyer
Darstellung der Hieroglyphen: Katrin Wolff

Bibliographische Information der Deutschen Nationalbibliothek

Die Deutsche Nationalbibliothek verzeichnet diese Publikation
in der Deutschen Nationalbibliografie; detaillierte bibliografische Daten sind
im Internet über http://dnb.d-nb.de abrufbar.

ISBN 978-3-525-77645-2

Printed in Germany.
Satz: textformat, Göttingen
Druck und Bindung: ⊕ Hubert & Co, Göttingen

Gedruckt auf alterungsbeständigem Papier.

Inhalt

Ein Vorschlag zur Stoffverteilung im Schuljahr

Abfolge	Alternative
Schulanfang bis Herbstferien	
B. Mose: Gott befreit und geht mit	E. Kirche: Ein Haus für viele H. Beten: Beten im Judentum, Islam und Christentum I. Bibel: Die gute Nachricht weitersagen
Herbstferien bis Weihnachten	
C. Gleichnisse Jesu: Auf Spurensuche in Gottes neuer Welt D. Weihnachten: „… und wohnt(e) unter uns“	
Weihnachten bis Ostern	
I. Bibel: Die gute Nachricht weitersagen H. Beten: Beten im Judentum, Islam und Christentum E. Kirche: Ein Haus für viele	B. Mose: Gott befreit und geht mit
Ostern bis Schuljahrsende	
F. Evangelisch – Katholisch – Ökumene: Auf gute Nachbarschaft G. Pfingsten: Gottes Geist wirkt unter uns – Wenn ein frischer Wind weht und Herzen brennen A. Miteinander leben: Hand in Hand mit Kranken, Behinderten, Alten	

Vorwort des Herausgebers

„Die Entwürfe der Reihe RU PRAKTISCH verdanken ihre Entstehung der Praxis des Religionsunterrichts und der Lehrerfortbildung" – so beschrieben wir zur Geburtsstunde des Markenzeichens RU PRAKTISCH unser Konzept. So ist es seinen Weg gegangen in viele Schulen und unzählige Lehrerhände. Kompetenz und Praxisnähe stehen für ein Erfolgskonzept, das bis heute viel kopiert, aber nie übertroffen wurde. Und die ungebrochene Zustimmung der Kolleginnen und Kollegen legte es nahe, RU PRAKTISCH weiterleben zu lassen.

Dazu bedurfte es verschiedener Anpassungen: an die moderne Religionspädagogik, vor allem an die Kompetenzorientierung, an die aktuellen Curricula, an neue Seh- und Mediengewohnheiten. Im Kern aber ist RU PRAKTISCH sich treu: Geboten werden erprobte Materialien und Bausteine, die

- elementare Inhalte der jüdisch-christlichen Tradition und des Glaubens thematisieren;
- in gleicher Weise lebens- wie sachorientierend sind;
- die Vielstimmigkeit der religiösen Überlieferung (Bibel), der religiösen Sprache (Psalmen, Gleichnisse, Lieder etc.) und der religiösen Praxis (Feste, Feiern, Gottesdienst, Rituale, Diakonie, Biografien etc.) aufschließen helfen;
- die handlungsorientiert, ganzheitlich-sinnenhaft und in methodischer Vielfalt dazu anregen, „Sachen zu klären und Personen zu stärken" (Hartmut von Hentig).

Auch die Neuauflage von RU PRAKTISCH wünscht sich Lehrerinnen und Lehrer, die sich durch die folgenden Entwürfe angeregt und entlastet fühlen – angeregt auch zu eigenen standortbezogenen Modifikationen – und die ihre Arbeit im RU unter dem Anspruch sehen: „Lehren heißt zeigen, was man liebt" (Fulbert Steffensky).

Hans Freudenberg, Unna, im März 2010

Zur Neuauflage

Gutes und Bewährtes noch besser zu machen ist ein hoher Anspruch – im Wesentlichen geht es ums Aktualisieren. Was ist im Einzelnen geschehen?

Neu ist zunächst die Gliederung. Die meisten Curricula fordern eine Mischung von Bausteinen (Unterrichtseinheiten), die – einander überschneidend und ergänzend – in folgenden Bereichen religiösen Wissens und Könnens kompetent, d. h. auskunfts- und handlungsfähig machen: Mensch, Welt, Gott, Jesus Christus, Kirche, Religionen, Bibel. Daraus ergibt sich die neue Grobstruktur, in die sich die einzelnen Bausteine einfügen. Dabei sind in den Bereichen „Religionen", „Kirche" und „Projekt Bibel" völlig neue Bausteine ergänzt worden.

Jeder Baustein gliedert sich in vier Abschnitte: 1. Theologische und didaktische Aspekte; 2. Kompetenzen und Ziele; 3. Verlaufsplanung – sowie (ohne Ziffer) die Materialien. Die entscheidende Neuerung betrifft Abschnitt 2:

Der Fokus liegt auf prozess- und ergebnisorientierten Kompetenzen: „Was sollen die Kinder am Ende können (was sie vorher nicht konnten)? Sie „kennen" nicht nur, sie „können" – erzählen, erklären, vergleichen, werten, gestalten ...; dies wird so konkret wie möglich und in Übereinstimmung mit den Anforderungen der Curricula formuliert.

Der Tatsache, dass es unterschiedliche Kompetenzverständnisse in den verschiedenen Bundesländern gibt, trägt das neue RU PRAKTISCH dadurch Rechnung, dass es die Lernerfolge der Kinder doppelt beschreibt: zum einen verbal (s. o.), zum anderen nominal: als Sachkompetenz, Selbstkompetenz, soziale, kommunikative, Sprach-, Dialog- oder Urteilskompetenz – wohl wissend, dass diese Kategorien immer nur einen Ausschnitt komplexer religiöser Kompetenz bezeichnen.

Neue Wege geht RU PRAKTISCH bei der Präsentation von Bibeltexten: Es macht keinen Erzählvorschlag mehr (der dann doch eher selten zur Persönlichkeit der Erzählenden passt), sondern gibt ein Erzählgerüst vor („Szenen"), das nach individueller Erzähllust und im engen Kontakt mit der Lerngruppe ausgestaltet werden kann. Auch der Einsatz von z. B. EGLI-Figuren ist denkbar.

Dabei ist es wichtig, dass bestimmte inhaltliche Standards beachtet werden. Diese entfaltet ein „Blitzkurs Biblisch Erzählen" im Anschluss an dieses Vorwort. Zu jedem Baustein, der mit biblischen Geschichten arbeitet, gibt es außerdem in einem gesonderten Abschnitt „Biblisch erzählen" Hinweise auf die Besonderheiten der Texte und Inhalte.

Das neue RU PRAKTISCH bringt Farbe in Ihren Unterricht: Die Materialien etwa zu Themen wie „Schöpfung" oder „religiöse Praxis" bedürfen der Lebendigkeit lebensnaher Bilder. Fotos, die im Materialteil kopierfähig, und das heißt: schwarz-weiß, abgedruckt sind, sind in Farbe und projizierbar als Zusatzmaterial erhältlich: Beachten Sie die Download-Angebote im Webshop www.v-r.de: RELIGIONSUNTERRICHT PRAKTISCH – Bilder. Auch Schablonen und Zeichnungen aus dem Buch sind hier digital abrufbar und können als DIN A4-Vorlagen ausgedruckt werden.

Sie finden im Buch den Hinweis V&R Download; er bezeichnet die verfügbaren Zusatzmaterialien (RU praktisch – Bilder 3. 3. Schuljahr, ISBN 3-647-81000-2).

Zu den Bänden 1–4 erscheint eine Doppel-CD mit Liedern.

Blitzkurs Biblisch Erzählen

Biblische Geschichten unterscheiden sich von anderen Geschichten, die wir Kindern erzählen: 1) Sie sind zunächst einmal nicht für Kinder verfasst; 2) sie sind bei aller äußeren Dramatik vor allem und im Kern innere Geschichten, Geschichten von Menschen, die Gott begegnet sind.

Das bedeutet erstens, dass wir, wenn wir Kindern biblische Geschichten erzählen, elementarisieren. Dass wir zu ihnen reden und nicht über ihre Köpfe und ihren Horizont hinweg. Dass wir ihnen Zeit und Gelegenheit geben mitzukommen.

Um einem Missverständnis vorzubeugen: Ein solches Elementarisieren bedeutet weder Kürzen noch Verniedlichen oder Verharmlosen. Es kann sogar bedeuten, erzählend auszuholen und zu verweilen – so, wie es die Kinder brauchen. Es bedeutet, die Kinder in die Erzählung einzubeziehen, Brücken zu schlagen zwischen der fremden Welt der Geschichte und ihrer eigenen Lebenswelt.

Wo wir verniedlichen, verflacht die innere Botschaft (s. o.) und verliert ihre Relevanz. Das bedeutet nicht, dass wir immer alles erzählen müssen – es bedeutet aber, dass das, was wir erzählen, glaubwürdig sein muss und dem wachsenden Verständnis der Kinder standhalten muss.

Womit wir beim Zweiten sind: In biblischen Geschichten begegnen Menschen – und damit ebenso wir und unsere Zuhörer – Gott. Das ist für viele Kinder überhaupt nicht selbstverständlich. Dass Gott da ist, ist nicht selbstverständlich, dass Gott redet, ist nicht selbstverständlich. Dass Gott handelt – wer rechnet damit? Es ist wichtig, dies nicht wie selbstverständlich oder gar lieblos zu erzählen. Es ist wunderbar und aufregend. Es ist der Kern der Erzählung.

In biblischen Geschichten lernen wir Jesus Christus kennen, der ganz Mensch war und doch in Gottes Namen sprach (und spricht). Dies ist das Wunderbare und Paradoxe an Jesus, das macht ihn zu mehr als einem guten Menschen oder Wunderheiler oder eindrucksvollem Prediger. Beim Erzählen sollte man daher sehr bewusst und profiliert von Jesus erzählen – wiederum ohne Verniedlichung, im Schatten des Kreuzes und im Licht von Ostern.

Biblische Geschichten handeln von Gut und Böse. Wo etwas geschieht, das gegen Gottes Willen ist – Lieblosigkeit, Ausgrenzung, Selbstsucht –, ist das deutlich beim Namen zu nennen. Andererseits ist es falsch (und lange genug falsch praktiziert worden), aus dem Erzählten moralische Lehren ziehen zu wollen. Die Geschichten der Bibel erzählen zwar von Gut und Böse, aber sie sind nicht als „Erziehungsgehilfen“ der Erwachsenen konzipiert.

Ebenso entscheidend: Es ist zu unterscheiden zwischen dem Menschen und seiner Tat. Wie schlecht er auch handeln mag, vor Gottes Angesicht erhält er eine zweite Chance. Und die sollte er bei uns und bei den Kindern auch haben.

Was die biblischen Geschichten zu einem – aus religionspädagogischer Sicht – lebenswichtigen Stoff macht, ist schließlich ihr Hoffnungspotenzial. Ob sie Frohes oder Trauriges berichtet: In Gottes Angesicht gibt es immer eine Perspektive auf Leben, auf Hoffnung, auf Zukunft hin. Es ist wichtig, dass die Bibelnacherzählungen dies vermitteln. Kinder brauchen biblische Geschichten. Vor allem aber brauchen sie Hoffnung – die Hoffnung, dass nicht alles gleichgültig, nicht alles vergebens ist.

Aus dem Gesagten ergeben sich zehn Gebote der inhaltlichen Gestaltung biblischer Geschichten, die es mitzudenken gilt, wenn wir uns auf eine Erzählung vorbereiten.

1. Verbinden: Die Brücke schlagen zwischen Geschichte und Hörer
2. Einen Weg beschreiten: Die Geschichte spannend erzählen
3. Verorten: Die Geschichte in ihren Zusammenhang stellen
4. Verweilen: Innehalten, ausmalen, wo es wichtig wird, sich einfühlen
5. Aufmerksamkeitszeichen setzen: Explizite Hinweise auf Besonderes geben
6. Eindeutig und behutsam von Gott reden: Gott die Ehre geben
7. Eindeutig und menschlich von Jesus reden: Jesus von Kreuz und Ostern her konzipieren
8. Wachsam von Gut und Böse reden: Das Böse beim Namen nennen
9. Teilnehmend vom Menschen reden: Sich in Menschen einfühlen, sich vor Wertungen und Vorverurteilungen hüten
10. Hoffnung zeigen: Dem Leben und der Liebe das letzte Wort lassen

Ergebnissicherung: Zum Festhalten

Sammelkarten erleichtern den Sch den Überblick über das, was sie erarbeitet haben:

Auf dieser und den nächsten zwei Seiten finden sich die Vorlagen für einzelne Karten (bitte kopieren und ausschneiden). Jede Karte bündelt einen der Bausteine (A bis I) aus dem Unterrichtsmaterial.

Wir schlagen vor, dass die Sch jeweils nach Abschluss eines Bausteins die entsprechende Karte erhalten. Die Karten werden – z. B. in einer Klarsichthülle im Religions-Ordner – gesammelt und dann am Ende des Schuljahres gesichtet: Was haben wir alles gemacht? Und: Worauf ist es angekommen? Die Karten werden dann, zusammen mit Deckblatt und Schlussseite zusammengeklammert oder getackert – die Sch haben ihr eigenes kleines Religionsbuch.

RELIGION

3. Klasse

Miteinander Hand-in-Hand …

… von anderen Hilfe erfahren.

… anderen helfen.

A

B

Gott verspricht dem Volk Israel:

„Ich bin der ICH-BIN-DA."

C

Gottes Reich kann …

… wachsen wie ein Senfkorn.

… sein wie ein wertvoller Schatz.

D

Gott kommt zu den Menschen …

… in den Stall zu Bethlehem.

… und schenkt den Menschen seine Liebe.

E

Die Kirche ist ein Haus, …

… das mir Geborgenheit gibt.

… in dem viele Menschen beten, singen, zusammen sind.

F

Evangelisch – Katholisch – Ökumene…

… manches ist verschieden, aber vieles ist gemeinsam.

G

Gottes Geist …

… bewegt wie ein frischer Wind.
… schenkt Freude, Kraft und Mut.

H

Das alles ist Beten: …

… mit Gott sprechen wie mit einem Vater.
… Gott etwas erzählen, Gott danken, Gott bitten.

I

Die Bibel ist wie eine große Bibliothek, …

… in der von Gott und von Jesus Christus erzählt wird.
… die über 2000 Jahre alt ist.

1 Mensch und Welt

A Miteinander leben: Hand in Hand mit Kranken, Behinderten, Alten

1. Theologische und didaktische Aspekte

Die Einheit „Miteinander leben – Hand in Hand mit ...“ thematisiert die Erfahrung, dass menschliches Leben *auch* verletzliches, beschädigtes, sich verzehrendes Leben ist. Solche Erfahrungen zeigen Grenzen auf und konfrontieren mit der Beeinträchtigung von Lebensmöglichkeiten.

Grenzerfahrungen können sein:

- Krankheit und Behinderung
- Verlust (durch das Ende einer Freundschaft, durch Umzug, durch Scheidung, durch Tod)
- Hunger und Armut
- Alter

Grenzerfahrungen sind mehr als „Betriebsstörungen“, die eigentlich unnötig und vermeidbar sind. Die hier angesprochenen Erfahrungen markieren anthropologische Grunderfahrungen, die Spuren und Narben ins Leben zeichnen und der Bearbeitung und Integration in unsere Lebensentwürfe bedürfen. Leben wird eben sowohl durch Momente des Glücks wie des Un-Glücks, des Gelingens wie des Scheiterns, des Werdens wie des Vergehens konstituiert. Nur der banale Optimismus einer verlogenen Werbung oder die erfolgsorientierte Wertepyramide der Leistungsgesellschaft blenden diesen Sachverhalt aus. Die biblische Tradition lehrt eine andere Sichtweise: Leid artikuliert sich in vielfältigen Formen – in den Psalmen ebenso wie bei den Propheten. Vom Brudermord bis zur Vision des Johannes von Gottes neuer Welt „ohne Leid, Geschrei und Schmerz“ (Offb 21,4) spannt sich der Bogen. Vom Leid spricht die Bibel nicht um seiner selbst, sondern um der Menschen willen, die real in leidvollen und Leid machenden Verhältnissen leben und von Veränderungen träumen. Drei Motivkreise verdienen im Sinne einer möglichen Handlungsanweisung besondere Beachtung:

a. *Die neutestamentlichen Wundererzählungen:* Indem Jesus Blinde sehend macht, Dämonen austreibt oder Behinderte mit einer neuen Würde ausstattet, widerspricht er dem gängigen religiösen Deutemuster, als sei Krankheit Ausdruck von Schuld und Strafe (vgl. Joh 9,1 ff.) oder diene der Prüfung. Gott ist weder Buchhalter noch Sadist, sondern er liebt das Leben. Darum gilt: Wo Blinde sehen, Lahme gehen, Aussätzige rein werden (Mt 11,2 ff.), brechen Gottes Herrschaft und Schalom gegenwärtig an – die gegengöttlichen Mächte der Krankheit oder des Todes müssen sichtbar weichen. Wo das geschieht, wird Leben, auch beschädigtes und absurdes Leben in den weit gespannten Horizont gestellt, in dem das NT Leben aus der Zukunft und den tieferen Möglichkeiten Gottes sieht.

b. *Die Seligpreisungen der Bergpredigt (Mt 5,3 ff.):* Selig gepriesen werden Menschen nicht auf dem Hintergrund ihrer Erfolge, ihres Sozialprestiges, ihrer Leistungsfähigkeit, sondern mit Blick auf ihre Bedürfnisse: Die Armen werden im Horizont ihrer Armut, die

Leidenden im Horizont ihres Leidens, die Hungernden im Horizont ihres Hungers glücklich gepriesen.

c. Die Passionsgeschichte: Der die Passion erleidende Gott erweist sich als sym-pathischer, d. h. „mit-leidender" Gott: Er steht auf der Seite der Opfer, nicht der Täter. Passion ist nicht in erster Linie stummes, passives Geschick, sondern Aufschrei dessen, der leben will; Passion ist Solidarität mit den Leid Tragenden aller Zeiten und Völker, ist Ausdruck der Lebendigkeit und der Einwurzelung ins Leben. Die Parteinahme Gottes für die „Schwachen, Niedrigen, Missratenen" (F. Nietzsche) hat Konsequenzen. H. Böll charakterisiert sie so: „Selbst die allerschlechteste christliche Welt würde ich der besten heidnischen vorziehen, weil es in einer christlichen Welt Raum gibt für die, denen keine heidnische Welt je Raum gab: für Behinderte und Kranke, Alte und Schwache, und mehr noch als Raum gab es für sie: Liebe für die, die der heidnischen wie der gottlosen Welt nutzlos erschienen und erscheinen" (H. Böll, in: K. Deschner, Hg., Was halten Sie vom Christentum? 18 Antworten auf eine Umfrage, List, München 1958, S. 23). Nach christlichem Verständnis erhält jeder Mensch, unabhängig von seiner äußeren Konstitution und Leistungsfähigkeit, von Gott seine Würde als „Ebenbild Gottes" unverlierbar zugesprochen. Im Bewusstsein dieser Gleich-Wertigkeit vor Gott wurzelt letztlich alle christlich motivierte diakonische Verantwortung. Das Doppelgebot der Liebe „Du sollst den Herrn, deinen Gott, lieben von ganzem Herzen …, und deinen Nächsten wie dich selbst" (Lk 10,27) findet in der Beispielgeschichte vom *Barmherzigen Samariter* (Lk 10,25–37), der in dieser Reihe eine besondere Rolle zukommt, seine klassische Entfaltung.

Hinweise zum Verständnis: Im theologischen Lehrgespräch erläutert Jesus einem jüdischen Theologen den Begriff der „Nächstenliebe" mit Hilfe einer Alltagsgeschichte: Ein Namenloser wird in der unwirtlichen judäischen Wüste zwischen Jerusalem und der Oasenstadt Jericho von Räubern und Wegelagerern überfallen, ausgeraubt und halb tot liegen gelassen. Ohne rasche, fremde Hilfe erwartet ihn der sichere Tod. Zwei von drei Passanten entziehen sich der Hilfeleistung, erst der dritte handelt im Sinne des Gebotes der Nächstenliebe.

Passant 1: Der *Priester* ist Beamter des Jerusalemer Tempels, wo er während der großen Wallfahrtsfeste und zweier weiterer Wochen pro Jahr im Rahmen eines von vierundzwanzig Priesterverbänden („Tagklassen") seinen Opferdienst versah.

Passant 2: Der *Levit* gehört zum niederen Klerus, der die Priester beim Opfer unterstützt (Schlachten und Zubereiten der Opfertiere), die liturgische Musik besorgt und den Tempelplatz beaufsichtigt.

In der Exegese ist umstritten, ob kultische Gründe (mögliche Verunreinigung durch einen [vermeintlichen] Toten [vgl. Lev 21,1 ff.]) oder Gleichgültigkeit der Hilfeleistung entgegenstehen.

Passant 3: Im Gegensatz zu den Kultusbeamten hilft der Mann aus Samaria spontan und entschlossen. Im Hinweis auf die Volkszugehörigkeit liegt die eigentliche Spitze der Erzählung. Der Konflikt zwischen beiden Volksgruppen ist alt und sitzt tief. Nach der Einnahme Samarias (722 v. Chr.) vermischten sich die im Land verbliebenen Juden teilweise mit assyrischen Kolonisten. Fortan galten sie den übrigen Juden, besonders den aus der Gefangenschaft Heimkehrenden, als kultisch unreines Mischvolk. Auf dem Berg Garizim bauten die „Samariter" einen eigenen Tempel und praktizierten dort einen eigenen Kult. Als Heilige Schrift galten ihnen nur die fünf Bücher Mose. In römischer Zeit vertraten sie zudem eine gemäßigt romfreundliche Politik. So waren zur Zeit Jesu die Beziehungen zwischen beiden Volksgruppen aus religiösen und politischen Motiven auf dem Tiefpunkt. Orthodoxen Juden galt ein Samariter als Heide und Volksfeind, der von der Teilhabe an Gottes Reich ausgeschlossen war.

Erstaunlicherweise ist es der verachtete Fremde, der sich von der Not des Opfers anrühren und zum Handeln bewegen lässt (Erstversorgung der Wunden; Überführung in die nächstgelegene Herberge; Vorkasse für weitere Auslagen; Sicherstellung der ferneren Pflege).

Die Ausgangsfrage des Gesetzeslehrers „Wer ist mein Nächster" (V. 29), derentwegen Jesus die Geschichte erzählt, fragt nach dem *Objekt* der Liebe: Wie weit reicht meine von der Tora vorgegebene Verpflichtung zur Liebe? Jesus verändert und vertieft die Perspektive der Fragestellung, indem er den Fragenden dazu auffordert, die Geschichte aus der Perspektive des Hilfsbedürftigen zu betrachten und sich dabei die Frage zu stellen: „Wer hat durch seine Hilfe als Nächster gehandelt und wer benötigt meine Hilfe von mir als Nächster am dringendsten?" (V. 36) Mit der Betrachtung aus Sicht des Hilfsbedürftigen ergibt sich, dass das Gebot der Nächstenliebe uneingeschränkt gilt. Anders ausgedrückt: Nächstenliebe ist nicht als einseitiger Akt des Mitleids und mildtätiger Barmherzigkeit zu begreifen, sondern als ein Vorgang der Interaktion.

Die Aufbereitung des Themas für den Unterricht versucht, dem Anliegen Rechnung zu tragen, möglichst bei den Schülern, bei ihrem Leben, ihren Erfahrungen, ihren gegenwärtigen und zukünftigen Lebenssituationen anzusetzen, statt „spektakuläre" Beispiele in den Mittelpunkt zu stellen, die Kinder überfordern oder nur betroffen und stumm machen. Gerade hier aber wäre es verhängnisvoll, wenn durch die Fallbeispiele lediglich „Mitleid" hervorgerufen würde, dem keine Einstellungsänderung und kein Handeln folgen. Mehr noch als bei anderen Gegenständen ist die Beachtung des jeweiligen situativen Kontextes der Lerngruppe/Klasse/Schule Voraussetzung der konkreten Planung und Realisierung des Projektes.

Vorbereitend ist zu fragen: Wo gibt es in der Nähe ein Altersheim? Wohnen im Umfeld vielleicht besonders viele ältere Menschen? Ist in der Nachbarschaft der eigenen Schule ggf. eine Schule für Körper- oder Geistig-Behinderte? Gibt es an der eigenen Schule Integrationsklassen? – Bei der Themenstellung „Hand in Hand mit Kranken, Behinderten und Alten" stellt sich die Frage noch einmal anders. Sie kann nicht abstrakt, sondern nur auf konkrete, lerngruppenbezogene Erfahrungen hin thematisiert werden. In den Entfaltungsbereichen (kranke, behinderte und alte Menschen, Gleichnis vom barmherzigen Samariter) geht es um ein „Hand-in-Hand"-Gehen in einem übertragenen Sinne zwischen Gesunden und Kranken, Jungen und Alten und mit Menschen in Not. Durch das Thema „Miteinander leben" sollen Grenzen, die z. B. durch Unkenntnis, Vorurteile, Bequemlichkeit entstehen, aufgeweicht und aufgelöst werden. Die thematisierten „helfenden Hände" symbolisieren hierbei zum einen das Miteinander und die Nächstenliebe zwischen den Menschen und zeigen gleichzeitig die Möglichkeit auf, dieses Miteinander aktiv zu gestalten.

Biblisch erzählen

Erzählt wird das Gleichnis vom barmherzigen Samariter. Zwei Aspekte des Gleichnisses sind zu betonen: Zum einen die überraschende Hilfe des vermeintlichen Feindes. Im Gegensatz zu einem Priester und einem Leviten, von denen eine Hilfeleistung eigentlich erwartet wird, kommt dem Verletzten ein Mann aus dem verfeindeten Volk der Samariter zu Hilfe. Zum anderen wird hier auch das christliche Gebot der Nächstenliebe „Liebe deinen Nächsten wie dich selbst" thematisiert: Die Frage „Wer ist mein Nächster?", wird dabei nicht aus Sicht des Helfers sondern aus der Sicht des Hilfsbedürftigen gestellt und beantwortet.

2. Kompetenzen und Ziele

Die Schülerinnen und Schüler …
- nehmen Krankheit und Behinderung sowie Alter als Dimensionen des Lebens wahr (Wahrnehmungskompetenz)
- werden sich der eigenen Einstellung gegenüber kranken und behinderten sowie alten Menschen bewusst und lernen, möglicherweise vorhandene Ängste und Unsicherheiten im Umgang mit diesen Menschen zu artikulieren und zu überwinden (soziale Kompetenz)
- lernen das Gleichnis vom „barmherzigen Samariter“ als biblisches Beispiel der Nächstenliebe kennen (Fachkompetenz)
- nehmen die biblischen Geschichten für sich selbst als Rahmen und Handlungsmöglichkeit für einen friedlichen Umgang mit ihren Mitmenschen wahr (interaktive/soziale Kompetenz).
- sammeln Erfahrungen im partnerschaftlichen Umgang mit ihren Mitmenschen (interaktive/soziale Kompetenz)

3. Unterrichtsschritte

a. Der barmherzige Samariter – ein Beispiel der Nächstenliebe

Einstieg mit Erzähllandschaft: braunes Tuch, das die karge Landschaft symbolisiert, durch die der Reisende wandert, als Unterlage verwenden, Darstellung der Personen in der Geschichte z. B. mit Holzfiguren/Eglifiguren/Spielfiguren; parallel zur Erzähllandschaft Darstellung des Gleichnisses mittels der Erzählwerkstatt (1). Den verletzten Reisenden mittels einer umgefallenen Figur darstellen (Szene 1 1). L stellt drei weitere Figuren hinzu, die den Priester, den Leviten und den Samariter symbolisieren, und stellt sie den Sch in ihrer Position/Rolle vor (Szene 2 1).

Einschub: L unterbricht Erzählung; Sch stellen Vermutung an, welche der drei Personen dem Verletzten zur Hilfe kommt.

L erzählt Gleichnis weiter (Szene 3 1), Figuren des Priesters und des Leviten werden weiter an den Rand der Erzähllandschaft gesetzt.

Bei der Erzählung der Szene 4 (1) wird die Figur des Samariters neben die des verletzten Reisenden gestellt. Die Figur des Verletzten wird aufgerichtet.

Erarbeitung: Sch äußern sich zu dem Gleichnis und vergleichen das Ergebnis ihrer Vermutungen, wer dem Verletzten hilft, mit dem tatsächlichen Verlauf der Handlung. Sch erarbeiten die Aussage, dass gerade derjenige geholfen hat, von dem es nicht erwartet wurde.

Lied: Das hättest du nicht erwartet (2).

Sch teilen sich in Gruppen auf und stellen Szene pantomimisch dar, in der der Verletzte hilflos am Boden liegt, vom Priester und Leviten keine Hilfe erfährt und diese schließlich vom Samariter erhält. Sch, die den Verletzten darstellen, sollen die Hilflosigkeit das am Boden Liegenden nachempfinden: Hilflosigkeit; Angst; Flehen um Hilfe, egal von wem die Hilfe kommt.

Sch stellen sich gegenseitig ihre Arbeitsergebnisse vor.

Sch betrachten (3), arbeiten aus dem Gesamtbild einzelne Szenen der Geschichte heraus und werden sich der erzielten Arbeitsergebnisse bewusst.

Sch äußern sich zu den betont großen Händen des Samariters bzw. L lenkt Aufmerksamkeit der Sch darauf: „Was benötigt der Samariter, um zu helfen?“

Lied: Gib uns helfende Hände (4).

Festigung: Sch gestalten aus Umriss ihrer eigenen Hand helfende Hände und überlegen sich in Gruppen Situationen, in denen helfende

Hände für andere Menschen wichtig sind/in denen sie schon einmal geholfen haben.

Sch gestalten zu ihren Ideen eine Collage, indem sie in ihren helfenden Händen die Szenen darstellen (eintragen/zeichnen/mit Bildern bekleben …), in denen sie mit helfenden Händen aktiv geworden sind.

Hinweis: Vertiefung zum Thema Hände s. „Hände können viel" in Freiarbeit mit RU PRAKTISCH, Bd. 2, S. 7 ff.

Hausaufgabe oder Weiterführung: Bilder mit Helfersituationen sammeln.

b. Behinderten helfen

Einstieg: L greift Überlegungen der Sch auf, in welchen Situationen sie anderen Menschen helfen können, mit der Frage: Wem können wir helfen? (Familie, Freunden, Fremden, Alten, Kranken, Behinderten, …) und sammelt die Personen an der Tafel.

L trägt Sch Manuels Geschichte vor (5). Im Anschluss können die Sch sich Fotos von Manuel auf dessen Internetseite www.kondert.net angucken (alternativ: L druckt Fotos der Internetseite aus und zeigt sie). Sch lesen sich selbstständig (6) durch.

Erarbeitung: Sch empfinden ansatzweise nach, in welcher Form Manuel durch seine Behinderung eingeschränkt ist: in *Partnerarbeit* führen die Sch ein Gespräch, wobei ein Partner nicht reden darf. In Anlehnung an Manuels Situation steht dem „stummen" Schüler zur Kommunikation ein PC zur Verfügung, wobei beim Schreiben ähnlich wie in Manuels Situation der Partner den Arm des „stummen" Sch führen soll (Partnerwechsel); Austausch der gemachten Erfahrungen der Sch im Klassengespräch: Konntet ihr euch normal unterhalten oder fiel es euch schwer, ein normales Gespräch zu führen? Konntest du alles mitteilen, was du deinem Partner erzählen wolltest? Wie ging es dem „Zuhörer"? War es schwer, auf den anderen einzugehen? Konnte das „stumme" Kind problemlos den Text schreiben oder war es schwer, mit geführtem/gesteuertem Arm zu schreiben?

Sch überlegen im gemeinsamen Gespräch, was es bedeutet, mit den Behinderungen, die Manuel hat (nicht sprechen können, Motorik des Körpers und Artikulation nicht vollständig kontrollieren können), zu leben: Was kann er nicht? (Alltagssituationen, die Kinder erleben).

Sch bearbeiten AB (7) und tragen Arbeitsergebnisse abschließend zusammen.

Vertiefung: Sch informieren sich auf der Internetseite von Manuel (www.kondert.net) genauer über Manuels Leben mit seiner Behinderung.

c. Alten helfen

Einstieg: L nimmt Thematik der helfenden Hände wieder auf und zeigt Sch Bild von zwei ineinander verschränkten Händen (alte und junge Hand, s. S. 12). Sch überlegen, wem diese Hände gehören könnten: junge Hand eines Kindes/ihre eigene Hand, runzlige Hand eines alten Menschen, z. B. Hand ihrer Großeltern, Tanten/Onkel, alten Nachbarn, …; Sch gehen der Frage nach: „Wer hilft wem?" (der alte Mensch dem jungen Menschen oder umgekehrt?).

Erarbeitung: Sch überlegen sich Situationen, in denen Alte jungen Menschen helfen (Großeltern kümmern sich um Enkelkinder, bringen sie z. B. zur Schule; Großeltern erzählen Geschichten und geben Erfahrungen von früher weiter; Großeltern bringen Rad fahren, Schwimmen, … bei; Großeltern trösten; Großeltern haben Zeit für Enkel; …) und in denen Junge alten Menschen helfen (Großeltern beim Einkaufen und Nach-Hause-Tragen helfen; gemeinsam spielen, singen, …; Umgang mit Computer/Handy zeigen; Alten über die Straße helfen/stützen/Rollstuhl schieben ...)

Sch tragen die gesammelten Ideen auf einem Wandbild zusammen.

Festigung: Planung und Durchführung eines Besuchstages in einem Seniorenheim/Seniorenkreis einer nahegelegenen Kirchengemeinde; bei der Planung des Besuchstages können die Sch auf die Ideensammlung auf dem Wandbild zurückgreifen; Vorschläge: gemeinsames Essen, (Bewegungs-)Spiele, Erzählkreis, Bastelaktion (Jeder Sch gestaltet mit seinem „Seniorpartner“ den Umriss seiner Hand und schreibt auf die Hand Dinge, die sie gemeinsam erlebt haben/die ihnen an diesem Tag gefallen haben).

Abschluss: Sch tauschen sich über ihre Eindrücke und Erfahrungen beim Besuchstag aus; dazu können die gestalteten helfenden Hände auf einem „Erinnerungsplakat“ gesammelt werden.

alternativ: Sch schreiben einen Zeitungsartikel über den Besuchstag, sodass eine selbstgestaltete Schülerzeitung zum Besuchstag entsteht.

Erzählwerkstatt: Der barmherzige Samariter

Einstimmung:
Ein Mann, der von Räubern überfallen wird und verletzt und hilflos liegenbleibt. Ein Priester, ein Levit und ein Samariter kommen auf ihrem Weg an der Stelle, an der der Verletzte liegt, vorbei.

Szene 1:
Ein Mann liegt hilflos am Wegesrand.
Ein Mann wandert zwischen Jerusalem und Jericho und wird von Räubern überfallen und ausgeraubt. Er wird von den Räubern verletzt und hilflos zurückgelassen.

Szene 2:
Ein Priester, ein Levit und ein Samariter kommen des Weges.
Ein Priester, der im Tempel von Jerusalem arbeitet, kommt des Weges, und sieht den hilflosen, verletzten Mann am Straßenrand liegen. Ein Levit, der im Tempel arbeitet und dort den Priestern beim Opfern hilft und den Tempelplatz beaufsichtigt, kommt an dem Verletzten vorbei. Ein Mann aus Samaria, einem Volksstamm, der den meisten Juden verhasst ist, kommt des Weges.

Szene 3:
Der Priester und der Levit helfen dem Verletzten nicht.
Der Priester geht, ohne Hilfe zu leisten, weiter und überlässt den Verletzten seinem Schicksal. Auch der Levit, der nach dem Priester des Weges kommt, lässt den Verletzten hilflos am Boden liegen.

Szene 4:
Ein Samariter sieht den Verletzten und hilft ihm.
Der Samariter eilt dem Verletzten zu Hilfe, säubert und verbindet seine Wunden und bringt ihn auf seinem Lasttier in die nächste Herberge. Am nächsten Tag muss der Samariter weiterreisen. Er gibt dem Wirt der Herberge Geld für die Pflege des Verletzten. Er verspricht, wiederzukommen und dem Wirt notfalls noch mehr Geld zu bezahlen, falls die Pflege des Verletzten mehr Geld kostet.

Lied: Das hättest du nicht erwartet

Text und Musik: Siegfried Macht

aus: Macht, Siegfried, Haus aus lebendigen Steinen. Lieder für kleine und große Leute.

Der barmherzige Samariter

Lied: Gib uns helfende Hände

Text: Hans-Jürgen Netz; Musik: Reinhard Horn

Bewegung zum Lied:

Gib uns helfende Hände,	beide Hände offen nach oben strecken
Augen, die sehn	Hände seitlich an die Augen halten
Ohren, die hören	Hände an die Ohren halten
Dein Wort verstehn!	Beide Hände auf das Herz legen

Behinderten Menschen helfen

Manuels Geschichte

Manuel ist neun Jahre alt. Er wurde einen Tag vor Heiligabend geboren.
Schon bei seiner Geburt sah Manuel anders aus als andere Babys: Er war sehr klein und wirkte zerbrechlich. Seine Augen standen weiter auseinander als bei anderen Kindern. Seine Ohren saßen tiefer, seine Nase war flacher, die Stirn höher und seine Zehen und Hände waren schief.

Die Ärzte stellten einen schweren Herzfehler fest und waren sich eine Zeit lang nicht sicher, ob Manuel mit diesem schweren Herzfehler überleben könnte.

Da Manuel so krank war, wurde er immer schwächer, er konnte teilweise nicht einmal mehr alleine atmen.

Manuel musste oft operiert werden. Fast zwei Jahre verbrachte er im Krankenhaus, bis er endlich nach Hause durfte.

Die Operationen haben Manuel sehr geholfen. Trotzdem kann er kaum sprechen und hat Schwierigkeiten, sich mit anderen Menschen zu verständigen. Außerdem kann sich Manuel nicht so gut bewegen wie andere Kinder. Daher braucht er Hilfe, um seinen Alltag zu bewältigen.

Kinder, die mit ähnlichen Symptomen wie Manuel geboren werden, brauchen oft mehr Zeit, um sprechen und laufen zu lernen. Häufig lernen sie es nie ganz richtig. Diese Kinder nehmen ihre Umwelt teilweise anders wahr, als andere Menschen es tun. Deshalb ist es für die Kinder schwer, sich mit anderen Menschen zu unterhalten und ihnen ihre Gedanken mitzuteilen. Oft fällt es diesen Kindern auch schwer, ihre Gefühle auszudrücken.

Manuel geht inzwischen in die dritte Klasse einer Behindertenschule. Obwohl er vieles nicht kann, was andere Kinder können, lacht er gerne und ist ein fröhlicher Junge.
Manuel hat sich das Schreiben und Lesen selbst beigebracht, obwohl er nicht mit anderen Menschen sprechen kann.

Unser 36. Schüler

Normalerweise sind wir 35 Schüler, aber einmal in der Woche sind wir 36, denn dann kommt Manuel von der Elisabeth-Schule in unsere Klasse, um eine Stunde lang am Deutschunterricht teilzunehmen. Weil Manuel sehr klein ist und sich nicht besonders gut bewegen kann, ist Frau Hanser, seine Klassenlehrerin und Betreuerin, immer mit dabei.

Manuel ist Autist. Er kann nicht sprechen. Deshalb hat er ein Holzbrett dabei, auf dem er Buchstaben antippt. So kann er anderen Menschen schreiben, was er ihnen mitteilen möchte. Weil er seinen Körper durch seine Krankheit auch nicht richtig spüren kann, muss Frau Hanser ihm beim Tippen helfen und seinen Arm stützen, damit er ein Gefühl für seinen Körper bekommt.

Manuel ist erst neun Jahre alt, aber er ist sehr schlau. Deshalb geht er mit uns in die fünfte Klasse, obwohl er erst so alt ist wie die Kinder in der dritten Klasse. Eines seiner Lieblingsfächer ist Deutsch, wo er auch sehr gut ist. Er kann bereits den ganzen Grammatikstoff der 5. Klasse und lernt nebenbei Latein. Obwohl er seine Antwort erst auf seinem Brett schreiben muss, weiß er die Lösung oft schneller als wir. Dann meldet er sich und Frau Hanser sagt, was er getippt hat. Bisher war noch nie eine Antwort falsch. Manuel sagt selbst, dass er autistisch zu sein doof findet, weil er manchmal superdoofe Sachen macht. Im Unterricht gibt er z. B. manchmal komische Geräusche von sich oder er dreht dauernd sein Schreibbrett.

Am Anfang war das ein bisschen eigenartig, aber inzwischen stört es uns gar nicht mehr. Wir freuen uns immer riesig, wenn er kommt. Ist er in einer Woche einmal nicht da, fehlt uns ein wichtiger Teil der Klassengemeinschaft. Wenn Manuel und Frau Hanser durchs Schulhaus gehen, starren ihn manchmal Schüler an, einer hat sogar einmal versucht, ihm sein Schreibbrett wegzunehmen.

Wir wünschen uns, dass Manuel von allen anderen als ganz normaler Mitschüler behandelt wird und dass keiner mit Fingern auf ihn zeigt.

Klasse 5e der Wittelsbacher Realschule

(www.kondert.net)

Manuels Leben mit einer Behinderung

Das kann Manuel nicht:	So kann sich Manuel helfen:

So kann ich Manuel helfen:

2 Gott

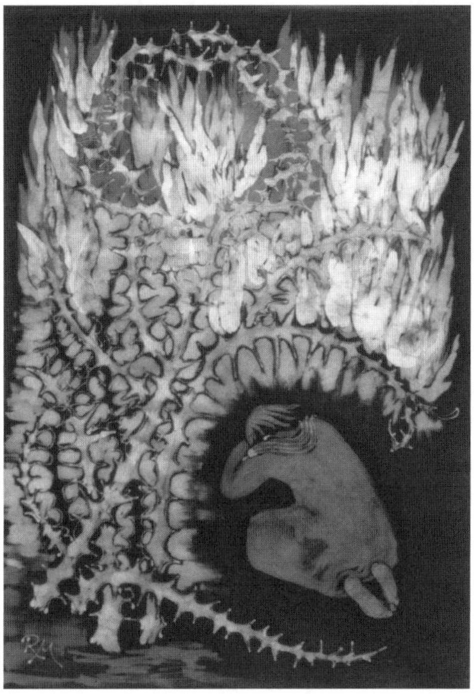

Gottesoffenbarung am brennenden Dornbusch, Batik von Rosemarie Müller, Selters

Marc Chagall, Der brennende Dornbusch, © VG Bild-Kunst, Bonn 2010

B Mose: Gott befreit und geht mit

1. Theologische und didaktische Aspekte

Das Bekenntnis zu „Jahwe, der Israel aus Ägypten herausgeführt hat“ (Ex 20,2; Dtn 5,6; 26,5 ff.; Ps 81,11; u. ö.) ist zentraler Bestandteil des israelitischen Gottesglaubens und Gründungserfahrung des Volkes Israel. Ohne Befreiung, Bewahrung und Gewährung einer neuen Lebensordnung gäbe es das Volk der Juden nicht. Darum begreift Israel sein Dasein als Geschenk und grundlegende Tat Gottes. Im Passa-Fest klingt die vergegenwärtigende Erinnerung des Exodusgeschehens bis zur Gegenwart nach.

Was sich heute wie ein geschlossener Handlungsfaden in der Erinnerung Gesamtisraels liest – Aufenthalt in Ägypten und Unterdrückung, Flucht und Rettung am Meer, Wüstenwanderung, Bundesschluss am Sinai, Landnahme – ist in Wirklichkeit das Ergebnis eines langen, komplizierten Überlieferungsprozesses. Die ursprünglich selbstständigen Traditionskomplexe wurden erst nach Konstituierung des 12-Stämme-Bundes miteinander verknüpft und zum Glaubensgut ganz Israels erhoben. Mose wurde zur integrierenden Figur disparater Traditionen stilisiert.

Historisch lässt sich – unter Vorbehalt – etwa folgender Befund erheben:

Zwischen 1500 und 1200 v. Chr. tauchen an der Ostgrenze des Nildeltas wiederholt schutz- und nahrungsuchende aramäische Beduinengruppen aus den Steppengebieten Vorderasiens als Immigranten auf. Die Ägypter nennen sie ‚pr‘ bzw. ‚apiru‘ (= Hebräer?), was keine ethnische, sondern eine soziologische Bezeichnung ist: Als Leute minderen Rechts verdingen sie sich für allerlei Arbeiten (z. B. Bauarbeiten, Lasten tragen, Arbeit im Steinbruch). Das entspricht den Angaben in Ex 1,1 „Und sie bauten dem Pharao die Städte Pithom und Ramses als Vorratsstädte …“.

Ob Ramses II. (1290–1224 v. Chr.) tatsächlich der „Pharao der Unterdrückung“ war, muss dahingestellt bleiben.

Die *Rettung am Meer*: Die älteste Tradition von der Rettung am Meer, das Mirjamlied, besingt das wunderbare Geschehen als ein Tun Jahwes, dem Gerettete ihr Leben verdanken: „Lasst uns dem Herrn singen, denn er hat eine herrliche Tat getan, Ross und Mann hat er ins Meer gestürzt“ (Ex 15,20 f. – Auffallend ist, dass Mose mit keiner Silbe erwähnt wird). Das Eingreifen zu Gunsten der flüchtenden Fronarbeiter ist parteiisch; es wird Partei genommen für die Unterdrückten gegen die Unterdrücker.

Spätere Traditionen malen den Vorgang – teilweise auch hinsichtlich seines Wie massiv gesteigert – aus: Die jahwistische Erzählung lässt Jahwe das Meer in einem sumpfähnlichen Gelände „durch einen starken Ostwind“ „weggehen machen“, sodass die Israeliten hindurchziehen konnten, während die priesterliche Darstellung die Israeliten ihren Weg durch das zu beiden Seiten wie eine „Mauer“ anstehende Meer nehmen lässt.

Die Frage nach dem Schauplatz des Durchzuges wird in der Literatur mit drei unterschiedlichen Hypothesen beantwortet. Danach hat sich das Geschehen zugetragen:

- im Gebiet der Bitterseen (heutige Kanal zone) oder
- im Bereich des Sirbonischen Sees (an der Mittelmeerküste östlich des Nildeltas) oder
- am Golf von Elat bzw. Aquaba.

Entscheidender als das Was und Wie ist die Würdigung des Vorgangs als Erfahrung des Glaubens: Israel begreift Gott von seinem Leben und Freiheit eröffnenden Tun her.

Der *Bund vom Sinai*: Die Sinaitradition ist erst sekundär in den Kontext der Auszugstradition und des Pentateuch eingefügt worden (vgl. das Fehlen dieses Traditionsstückes im Rahmen des „Kleinen geschichtlichen Credos“ Dtn 26,5 ff.!). Jetzt wird Ex 19 ff. mit der Stiftung einer dauernden Bundesordnung zum zentralen Fixpunkt, auf den hin die Rettung aus Ägypten orientiert ist (die Theophanie am Sinai wird durch die Bilder von Wolken- und Feuersäule vorbereitet): Die Befreiung aus der Knechtschaft ist keine Befreiung ins Leere, sondern eine, die auf Schalom, Recht und Freiheit vor Jahwe verpflichtet und aus ihr lebend ihre Perspektive erfährt.

Am Gottesberg ereignet sich eine von Naturerscheinungen (Gewitter, Wolke, Rauch [= vulkanische Erscheinungen], Erdbeben etc.) begleitete Theophanie (= Gotteserscheinung). Sie zielt auf einen feierlichen Bundesschluss mit Proklamation des göttlichen Willens.

Dabei spielt es für die späteren Redaktoren keine Rolle, dass umfangreiche Gesetzescorpora, die z. T. Sesshaftigkeit und Ackerbau voraussetzen, mit dem Sinai verbunden werden. Aller Nachdruck liegt auf der Verbindlichkeit der göttlichen Gebote, die die neue Lebensordnung schützen sollen.

Fragen bleiben hinsichtlich der Lokalisierung des „Gottesberges“ („Mose-Berg“? „Katharinen-Berg“? Einer der Berge im Vulkangebiet östlich des Golfs von Aquaba bzw. in der Umgebung von Kadesch?) und bezüglich der Frage, ob der Gottesname Jahwe aus dem vorisraelitischen Sinaikult stammt.

Wüstenwanderung: Diese Überlieferungen beruhen im Wesentlichen auf frühen Stammestraditionen, die erst im Kulturland auf Israel als Ganzes übertragen wurden. Durchlaufendes Motiv sind die Gefährdung/das Murren des Volkes einerseits (Hunger, Durst, Feinde, Schlangen …) und die Bewahrung andererseits (Wachteln, Manna, Wasser). „Wüste“ ist im Rahmen der Exodustradition jedoch mehr als nur ein geografischer Topos.

Die Wüste mit ihrer Ambivalenz von Lebensfeindlichkeit, Versuchung und Freiheit ist vor allem Ort des Durchgangs (ohne Raum für Städte, Besitz und andere Götter) und der „Häutung“: Die erste Generation mit Mose darf die Einlösung der Vision des verheißenen Landes jenseits der Wüste nicht mehr erleben. Vor allem aber ist Wüste der Ort der Grenzerfahrungen und der Unmittelbarkeit zu Gott; die Zeit in der Wüste ist die eigentliche Heilszeit Israels! Alles, was Israel in der Wüste ist, sein gesamtes Sein, verdankt es Jahwe, der es im „Schatten seiner Flügel“ behütet.

Viele Generationen später werden Israels Propheten noch einmal an das Modell der Wüste anknüpfen und es auf die messianische Zeit beziehen: „Die Wüste … wird frohlocken, und die Steppe wird jubeln und wird blühen wie die Lilien … Dann werden die Lahmen springen wie ein Hirsch, und die Zunge der Stummen wird frohlocken. Denn es werden Wasser in der Wüste hervorbrechen und Ströme im dürren Land“ (Jes 35,1 ff.).

Aus religionspädagogischer Sicht lassen sich als zentrale Begründungen für die Behandlung des Gegenstandes „Exodus“ im Religionsunterricht der Grundschule folgende Aspekte anführen: Es wird von wesentlichen Elementen des Glaubens, die auch heute noch angestrebt werden, erzählt, so z. B. der Zuneigung und Treue Gottes zu seinem Volk und dem Ziel des verheißenen Landes in Verbindung mit einem gemeinschaftlichen Leben in Freiheit und Frieden.

In den folgenden Umsetzungen spielt Mose zwar eine wichtige Rolle, gleichwohl geht es nicht um eine Biographie des Mose. Nicht er und sein Tun stehen im Mittelpunkt, sondern – mit Bezug auf die jahwistische Tradition – Jahwe.

Eine zweite didaktische Entscheidung war, eine Auswahl vorzunehmen, die die Schüler mit zentralen Themen vertraut macht, ohne ihnen jedoch die häufig ermüdende Auseinandersetzung mit zu vielen Details zuzumuten. Manche Bereiche werden darum hier nur mittelbar angesprochen (z. B. die Plagen, bestimmte Stationen der Wüstenwanderung), andere ohne tiefer gehende Interpretation dargeboten, z. B. die Zehn Gebote. Hier muss eine weitergehende Aufarbeitung einer besonderen Einheit bzw. einer späteren Jahrgangsstufe vorbehalten bleiben.

Die Zählung des Dekalogs folgt hier reformierter Tradition, die in Übereinstimmung mit Ex 20 die Selbstvorstellung Gottes enthält und auf diese Weise die Zehn Gebote als Wegweiser der Freiheit auslegt (und dem Eindruck entgegentritt, sie seien Mittel der Unterdrückung). Hierdurch und durch die Zusammenfassung der beiden letzten Gebote ergibt sich eine gegenüber Luther veränderte Zählweise. Es wird versucht, die disparaten Gegenstände der Exodus-Tradition einer didaktischen Mitte zuzuordnen: durch Inszenierung eines Dank- und Erinnerungsfestes, das einzelne Schwerpunkte der Einheit noch einmal akzentuiert und verdichtet und das mit der Landnahme schließt.

Biblisch erzählen

Erzählen Sie beim Mosezyklus vom Warten des Volkes Israels auf die Verheißungen Gottes, die er vor langer Zeit Abraham gegeben hat, und vom Zweifel an dieser Zusage in schwierigen und entbehrungsreichen Situationen (Sklaverei und Unterdrückung in Ägypten, Hunger und Elend während der Wüstenwanderung). Aus der Geschichte wird das Gottesbild des begleitenden, schützenden Gottes (Gott begleitet Mose sein Leben lang und offenbart sich dem Volk Israel am Dornbusch als derjenige, der für das Volk da ist) entwickelt. Gleichzeitig wird aber auch die Gegensätzlichkeit und Komplexität, die sich in dem Gottesbild vereint, widergespiegelt: Gott als der verborgene Gott, der liebende Gott, aber auch der Gott, der seine Macht zeigt (10 Plagen, Rettung am Schilfmeer).

Die Mosegeschichten eignen sich gut, um Szenen der Erzählungen veranschaulichend darzustellen, z. B. durch die Verwendung von Egli-Figuren oder Gegenständen, die Elemente der Handlung verdeutlichen (Mitbringen der Speisen für ein Passa-Fest oder Darstellungen mit Legematerial).

2. Kompetenzen und Ziele

Die Schülerinnen und Schüler …

- kennen die Exodusgeschichte und können sie in ihren wesentlichen Elementen wiedergeben (Sach- und Sprachkompetenz)
- lernen die Auszugsgeschichten als Befreiungsgeschichten kennen, nehmen dabei aber auch die darin enthaltenen Widersprüche wahr (Sach-, Wahrnehmungskompetenz)
- deuten die Auszugsgeschichten als Erfahrungen des Volkes Israel mit seinem Gott (Deutekompetenz)
- erfahren Israels Gott als den mitgehenden und Leben eröffnenden Gott (Deutekompetenz)
- wissen um die Bedeutung des Passa-Festes im heutigen Judentum und um die geschichtlichen Hintergründe dieses Festes (Sachkompetenz)
- begreifen die Zehn Gebote als Ordnung des Gottesbundes, die dem Volk Israel Freiheit

sichert und ein geordnetes Zusammenleben ermöglicht (Sachkompetenz, soziale Kompetenz)

3. Unterrichtsschritte

Allgemein: L zeigt Sch zur jeweiligen Geschichte die vorgeschlagenen Gemeinschaftssymbole. Die Symbole spiegeln am Ende der Einheit die behandelte Mosegeschichte wider. (Symbole können auch als Gegenstände in einem mit Sand gefüllten Schaukasten schrittweise ergänzt werden, sodass am Ende der Einheit die Mosegeschichte zusammenfassend als ein Ganzes dargestellt ist.)

a. Das Volk Israel in Ägypten

Gemeinschaftssymbol: Sand und Zelt

Einstieg: Die Sch erlangen Kenntnisse über das Land Ägypten und darüber, dass die Israeliten in der Nachfolge Josefs als Nomaden in dieses Land ziehen, indem sie sich Bilder zu Ägypten ansehen und Informationen zum Thema Ägypten und zum Thema Nomadenleben (aus bereits vorhandenem Wissen, aus Büchern, Internet, …) zusammentragen. Mögliche Themenschwerpunkte dazu: Nil als Basis einer fruchtbaren Region, ansonsten Wüstenlandschaft, Darstellung von Alltagsszenen: wie Menschen damals lebten, Pharao, Pyramiden, Mumien, Sklaverei, Schriftzeichen.

Vertiefung: Sch entziffern eine Hieroglyphenbotschaft (1).

b. Als die Israeliten noch Sklaven in Ägypten waren

Gemeinschaftssymbol: Peitsche

Einstieg: Erzählwerkstatt: Das Leben der Israeliten als Sklaven in Ägypten (2).

Vertiefung: Sch nehmen an Hand des Bildmaterials (3) wahr, was die Israeliten als Sklaven an harten Arbeiten verrichten mussten.
Hinweis: Arbeit war damals viel mühevoller als heute, keine LKW, Kräne, …

Festigung: Rollenspiel: Israelitische Männer unterhalten sich auf dem Rückweg zu ihren Häusern über ihre Erlebnisse am Tage.
- Mit Orffschen Instrumenten die Empfindungen und Sehnsüchte der Israeliten in Ägypten verklanglichen.
- Verbindung des Rollenspiels mit der musikalischen Darstellung.

c. Moses Geburt und Rettung

Gemeinschaftssymbol: Weidenkörbchen

Einstieg: Erzählwerkstatt: Moses Rettung aus dem Nil (4).
Hinweis: L kann seine Erzählung veranschaulichend um einen „Mosekorb“ ergänzen.

Vertiefung: Sch zeichnen Körbe auf Papier und schreiben darauf, was Moses Mutter Mose mit auf seine Reise gibt/was sie fühlt/denkt, als sie Mose am Nil aussetzt (Hoffnung, dass Mose dem Tod durch die ägyptischen Soldaten entkommen kann und gerettet wird; Hoffnung, dass er ein behütetes Leben führen kann; Wunsch, ihn wiederzusehen; traurig; verzweifelt; …). Die angefertigten Körbe werden anschließend auf blauem Papier um das Mosekörbchen gelegt und besprochen.

d. Gott beruft Mose zur Rettung des Volkes Israel

Gemeinschaftssymbol: Schafwolle und Dornenzweig

Einstieg: Erzählwerkstatt: Mose bei den Midianitern und der brennende Dornbusch (5).

Erarbeitung: Bildbetrachtung „Der brennende Dornbusch" (s. Deckblatt); Sch arbeiten Unterschiede der beiden Darstellungen heraus.

Vertiefung: Sch überlegen Situationen, in denen Gott für sie da war/sie beschützt hat.

Festigung: Sch gestalten aus Papier Flammen, auf denen sie den Satz zu Ende schreiben: „Gott ist für mich da/hat mich beschützt …" und hängen die Flammen an einen an der Tafel dargestellten „Dornbuschstrauß".

Lied: Du bist der ICH-BIN-DA, Str. 1, 2 (6).

e. Gott bereitet die Befreiung des Volkes Israel vor

Gemeinschaftssymbol: Hirtenstab

Einstieg: Sch betrachten Szene, in der mittels Egli-Figuren (oder anderer Darstellungsmöglichkeiten) die Bitte Moses an den Pharao, sein Volk ziehen zu lassen, dargestellt ist: Figur des Pharao sitzt erhöht auf einem Thron, während Mose und sein Begleiter Aaron davor stehen; Mose mit Hirtenstab in der Hand. Sch sollen wahrnehmen, dass Mose aufgrund des Beistands Gottes seine Angst überwindet und vor den scheinbar übermächtigen Pharao tritt, um ihn um die Freiheit seines Volkes zu bitten.

Erarbeitung: Erzählwerkstatt: Mose vor dem Pharao (7).
Gemeinschaftssymbol für eine Plage

Lied: Du bist der ICH-BIN-DA, Str. 3–5 (6).

f. Israels Gott zeigt dem Pharao seine Macht und befreit das Volk Israel

Gemeinschaftssymbol: Passa-Lamm

Einstieg: Erzählwerkstatt: Die Passa-Nacht und die Flucht aus Ägypten (8).

Erarbeitung: Sch tragen Gegenstände zusammen, die bei einem Passa-Mahl verwendet werden. L erklärt Sch die weiteren Gegenstände, die zur Feier eines Passa-Mahls verwendet werden. Sch betrachten/riechen/schmecken an einer aufgebauten „Festtafel" die entsprechenden Gegenstände:
- Mazzen/Brotlaib
- Knochen eines Opferlamms
- Bitterkräuter als Erinnerung an die bittere Zeit der Sklaverei
- Charosset, ein bräunlicher Brei aus Apfel, Rosinen, Feigen, Nüssen und Zimt, der durch seine Farbe an die in der Sklaverei herzustellenden Lehmziegel erinnert
- Salzwasser, das an die vergossenen Tränen während der harten Zeit der Sklaverei erinnert
- Salat, der an die Fruchtbarkeit der Erde erinnert
- ein hartgekochtes Ei, das verschiedene Bedeutungen haben kann: Symbol der Fruchtbarkeit und Erneuerung des Lebens, Symbol der Trauer als Hinweis auf die Zerstörung des Tempels, Symbol für das Volk Israel, das wie ein Ei, das durch Kochen immer härter wird, durch die ihm auferlegten Prüfungen immer härter und stärker wird
- Wein/Wasser als Zeichen der Freude über die Befreiung

Gleichzeitig Darstellung der Gegenstände mit Symbolkarten an der Tafel.

Festigung: Sch bearbeiten AB zum Passa-Fest (9a/9b).

Einstieg: Erzählwerkstatt: Das Wunder am Schilfmeer (10).
Gemeinschaftssymbol: Schilfrohr

Erarbeitung: Sch erhalten AB mit Bildsequenzen zu der Erzählung, wobei die Bilder in ihrer Reihenfolge vertauscht sind. Sch schreiben auf die Linien neben dem jeweiligen Bild die aktuelle Handlung, und ordnen die Bilder in die richtige Reihenfolge (11).

g. Gott in der Wüste begegnen

Gemeinschaftssymbol: Wasserkrug und Getreide

Einstieg: Lied Ihr werdet Quellen finden – Mayim mit zugehörigem Tanz (12).
Hinweis: Es handelt sich um ein Wasserlied aus Israel, das die Geschichte des Wasserfindens in der Wüste darstellt. Die Tanzbewegungen fordern die Sch körperlich, sodass die Sch Durst nachempfinden.

Erarbeitung: Die Felder „Bedeutung/Wüstengeschichte" werden einzeln ausgeschnitten. Die linke Hälfte „Takt und Bewegung" aufkleben und die jeweilige Bedeutung zuordnen und aufkleben.

Sch besorgen sich ergänzende Sachinformationen und Bilder (z. B. Internet, Schulbibliothek, eigenen Sachbücher, über das Leben in der Wüste, v. a. über die Bedeutung des Wassers in der Wüste. Sch nehmen die Bedeutung von Wasser und Brot als Grundnahrungsmittel und Symbole für das Leben, das Gott gibt, wahr.

Erarbeitung: Erzählwerkstatt: Wüstenwanderung des Volkes Israel (13).
Gemeinschaftssymbol: Manna/Brot
Hinweis: Die Erzählung kann mit Legematerialien veranschaulicht werden, z. B. gelbe Tücher zur Darstellung des Wüstensands mit einem kleinen blauen/grünen Tuch als Zeichen einer fruchtbaren Wasserstelle. Einzelne Geschehnisse in der Wüste können durch zusätzliche Materialien (Wasserkrug, Brotkrumen als Manna, blaues Stück Stoff als Wasserstelle) dargestellt werden. Den langen Weg des Volkes Israel z. B. durch „Fußspuren im Sand" auf den Tüchern darstellen.

Wiederholung: Pyramidenrätsel (14/15).

h. Die Zehn Gebote – Ordnung für das Leben in Freiheit

Gemeinschaftssymbol: Gesetzestafeln

Einstieg: Klassengespräch: Wozu brauchen wir Regeln, Gesetze, Gebote (in der Klasse, der Schule, im Verkehr, beim Spiel, in der Freundschaft ...)? – Meist gibt es in einer Schulklasse Regeln, an die die Sch sich zu halten haben, damit friedliches Zusammenleben möglich ist. Die Sch erstellen, wenn noch nicht vorhanden, eine „Gesetzestafel" aus Papier, auf der Regeln festgehalten werden, die in der Klasse im Umgang mit den Mitschülern beachtet werden sollen. Sie kann im Klassenraum für alle sichtbar aufgehängt werden.

Erzählwerkstatt: Gott schließt einen Bund mit seinem Volk und gibt ihm die Zehn Gebote für ein Leben in Freiheit (16).

Erarbeitung allgemein: Sammlung der Zehn Gebote mittels Symbolkarten an der Tafel; exemplarische Bearbeitung von drei Geboten. Darstellung der Arbeitsergebnisse auf Gebotstafeln aus Papier.
Hinweis: Zur Unterstützung der Bearbeitung: „Unsere Zehn Gebote" im Unterricht, Bausteine zur Kurzfilmserie von KiKa und EKD, Göttingen 2009.

Festigung: Memory zu den Zehn Geboten: Es gibt Memorykarten mit bildlichen Darstellungen der Zehn Gebote und Memorykarten mit textlicher Darstellung der Zehn Gebote; Sch gestalten zunächst bildliche Darstellungen aus, anschließend Memory in Partner-/Gruppenarbeit spielen (Zuordnung der jeweils passenden bildlichen zur textlichen Darstellung) (17).

i. Endlich im gelobten Land!

Gemeinschaftssymbol: Trauben/Früchte

Einstieg: Erzählwerkstatt: Das Volk Israel erreicht das gelobte Land (18).

L zeigt während der Erzählung Bilder von der Region des gelobten Lands.

Vertiefung: Sch gestalten ein Bild von ihrem „Traumland für Israel“ (grünes Weideland, viele Tiere, grüne Bäume, breite Flüsse, Früchten, Brunnen etc.).

Abschluss/ Wiederholung der Moseeinheit: Klasse feiert ein Dank- und Erinnerungsfest: Das Fest erfüllt eine mehrfache Funktion. Es fasst die lange Geschichte des Exodus im Horizont der Frage, wie/wo sich jeweils das Versprechen des Gottesnamens „Ich bin für euch da“ bewährt hat, zusammen, konkretisiert die Geschehnisse für die Sch und lässt sie diese in Form der Feier nachspüren. Auch stellt es einen guten Abschluss der Exodustradition dar. Auf dem Weg zur Feier kann anhand der Gemeinschaftssymbole der Weg Israels und somit die Entstehung des Passa-Fests wiederholt werden.

Beginn des Fests: Wiederholung des Lieds Ihr werdet Quellen finden – Mayim (12).
alternativ: Szenisches Spiel, in dem zentrale Geschehnisse der Exodusgeschichte von den Sch wiederholt und dargestellt werden (19). Hierzu können Sch in Gruppen den einzelnen Szenen zugeteilt werden. Sch versetzen sich in die beschriebenen Situationen und überlegen sich, was die Israeliten in der jeweiligen Situation denken/sagen könnten. Sch spielen Szenen mit ihren Arbeitsergebnissen vor. Unterstützend hierzu können die Requisiten verwendet werden.

Ägyptische Hieroglyphen

In der Tabelle siehst du ägyptische Hieroglyphen. Unter den Hieroglyphen steht der entsprechende Buchstabe aus dem deutschen Alphabet.

Schreibe deinem Sitznachbarn eine Nachricht in Hieroglyphenschrift und versuche, seine Nachricht an dich zu entschlüsseln!

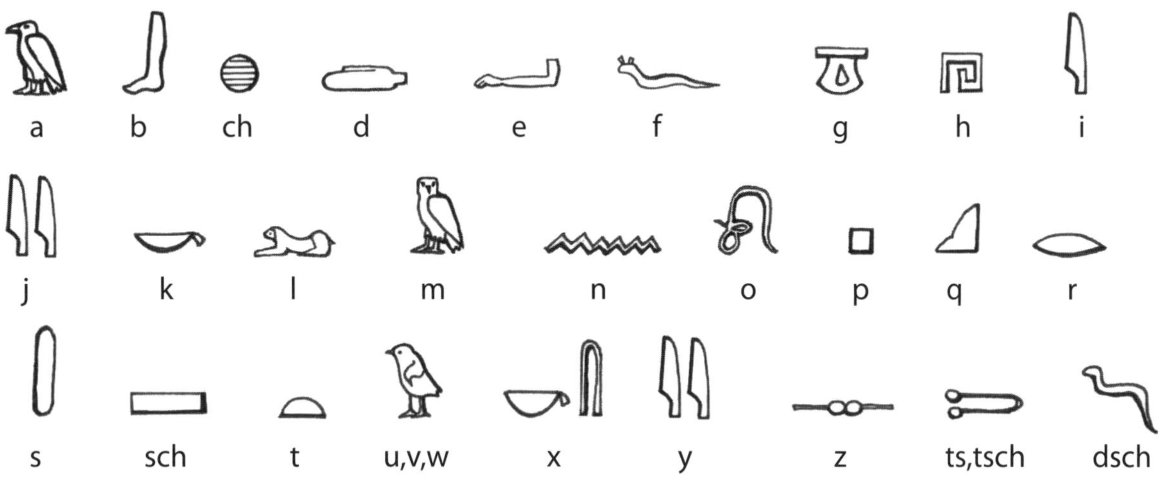

Meine Nachricht in Hieroglyphen:

Die Übersetzung der Nachricht meines Nachbarn:

Erzählwerkstatt: Das Leben der Israeliten als Sklaven in Ägypten

Einstimmung:
Seit Josef und seine Familie nach Ägypten gezogen sind, ist eine lange Zeit vergangen. Die Nachkommen Josefs haben viele Kinder bekommen, sodass die Israeliten inzwischen in Ägypten zu einem großen Volk herangewachsen sind. Ein neuer Pharao, der Josef und seine Bedeutung für Ägypten nicht mehr kennt, bekommt Angst vor der Größe und Stärke des israelitischen Volkes und versucht, die Israeliten zu entmachten, indem er sie zu Sklaven macht.

Szene 1:
Bau von Pyramiden und Städten, dazu Ziegel brennen, Steine schleppen, harte Arbeit, aber das Volk Israel wächst immer mehr, je stärker die Unterdrückung durch die Ägypter wird.

Szene 2:
Pharaos Befehl zur Tötung aller neugeborenen israelitischen Jungen – Leiden der Israeliten unter der Zwangsarbeit – Anflehen Gottes um Hilfe und Befreiung.

Als die Israeliten noch Sklaven in Ägypten waren

Erzählwerkstatt: Moses Rettung aus dem Nil

Einstimmung:
Volk Israel ist trotz Unterdrückung und harten Arbeit weiter gewachsen, Pharao hat Angst, dass es zu groß und zu mächtig wird – befiehlt, alle neugeborenen israelitischen Jungen zu töten.

Szene 1:
Israelitischer Junge Mose wird geboren – Mutter versteckt Mose, so lange es geht, vor den Ägyptern – verzweifelt, als sie Mose nicht länger verstecken kann.

Szene 2:
Mutter setzt Mose in einem Weidenkorb auf dem Nil aus, hofft, ihn so vor den Ägyptern zu schützen – Tochter des Pharao findet Mose und beschließt gegen den Willen des Pharao, Mose bei sich aufwachsen zu lassen – Moses Schwester Miriam beobachtet die Rettung Moses – sorgt dafür, dass Moses Mutter seine Amme wird – Mose wächst im Palast des Pharao auf.

Erzählwerkstatt: Mose bei den Midianitern und der brennende Dornbusch

Einstimmung:
Mose hütet in der weiten Steppe seine Schafe – Er hat eine Familie und ist zufrieden.

Szene1:
Traurige Erinnerung an dunkle Vergangenheit: ägyptischer Aufseher von Mose erschlagen – aus ohnmächtiger Wut, als dieser einen israelitischen Sklaven fast zu Tode prügelte – Flucht durch die Wüste ins Land Midian – dort Frau, Frieden für sich selbst und vor allem Freiheit gefunden.

Szene 2:
Mose denkt noch oft an Ägypten, wo seine Brüder als Sklaven des Pharao geschunden werden – Mose ist traurig und mutlos: „Ich bin frei, aber ich kann nichts für meine Brüder und Schwestern tun." – Zweifel, dass Gottes Versprechen an Abraham, einmal in einem eigenen Land in Freiheit zu leben, sich noch jemals erfüllen wird.

Szene 3:
In der Nähe des Berges Sinai sieht Mose plötzlich einen Dornbusch der in Flammen steht, doch er verbrennt nicht! – Mose erschrickt, hört jemanden seinen Namen rufen. – „Mose! Komm nicht zu nahe! Ziehe deine Sandalen aus; du stehst auf heiligem Boden!"

Szene 4:
Mose bedeckt sein Gesicht. – Es ist ein Zeichen von Gott! – „Ich bin der Gott deiner Väter. – Mein Volk wird gequält und leidet. – Ich werde euch helfen und euch beschützen. ICH-BIN-FÜR-EUCH-DA ist mein Name. Der Name ist wie ein Versprechen." – Mose soll Volk Israel in die Freiheit führen.

Lied: Du bist der ICH-BIN-DA

aus: Weil du mich so magst

2. Du bist gestern und morgen,
nah und verborgen,
Du bist der ICH-BIN-DA!

3. Du bist laut und ganz leise,
Hunger und Speise.
Du bist der ICH-BIN-DA!

4. Du bist Arche und Steuer,
Wasser und Feuer.
Du bist der ICH-BIN-DA!

5. Du bist Sehnsucht und Friede,
Treue und Liebe,
Du bist der ICH-BIN-DA!

6. Lasst uns loben und preisen,
ihm Ehre erweisen!
Halle, Halleluja!

Erzählwerkstatt: Mose vor dem Pharao

Einstimmung:
Freude bei Mose, dass Hoffnung endlich in Erfüllung geht, aber auch Angst vor seiner Aufgabe, sein Volk aus der Herrschaft des mächtigen Pharaos zu befreien

Szene 1:
Beistand Gottes: „Du wirst nicht allein gehen; ich bin bei dir, wie ich es von deiner Geburt an war, genauso wie ich immer beim Volk Israel war." – Abraham aus fernen Landen gerufen – Begleitung Jakobs und Josefs – Versprechen Gottes, Mose und sein Volk bei ihrem Auszug aus Ägypten und ihrem Weg durch die Wüste zu begleiten, auch wenn er nicht jeden Tag zu bemerken ist.

Szene 2:
Mose voller Vertrauen auf Gott und dessen Zusage – zieht mit seinem Bruder Aaron und seiner Familie nach Ägypten – Gottes Beistand lässt ihn stark und mutig vor den mächtigen Pharao treten.

Szene 3:
Pharao widersetzt sich der Bitte des Mose. – Zehn Plagen kommen über die Ägypter. – Die Ägypter fragen sich: „Ist das das Werk des Gottes Israels?" – Pharao widersetzt sich jedoch immer wieder.

Erzählwerkstatt: Die Passa-Nacht und die Flucht aus Ägypten

Einstimmung:
Die Passa-Nacht stellt für das Volk Israel eine besondere Nacht dar: Nach langer Zeit der Sklaverei flieht das Volk in großer Eile aus Ägypten.

Szene 1:
Gott spricht durch Mose zum Volk Israel: „Heute Nacht ist eine besondere Nacht, haltet euch bereit. Heute werden die Ägypter für ihre Taten bestraft und eure Knechtschaft wird beendet. Damit euch aber nichts passiert, soll jede Familie des Volkes Israel ein Lamm schlachten und in dieser Nacht essen. Nehmt das Blut des Lammes und bestreicht damit die Pfosten eurer Haustüren. Die Ägypter aber, die nicht ein solches Zeichen an ihren Eingangstüren haben, werden bestraft."

Szene 2:
Israeliten taten, was Mose ihnen gesagt hatte – den Ägyptern aber geschah Schreckliches: In jeder Familie starb der erstgeborene Sohn. Es herrschte großes Leid in den ägyptischen Familien. – Ägypter fragten sich, ob es eine Strafe Gottes war. – Vor dieser Macht Gottes bekamen sie schreckliche Angst – endlich war der Pharao bereit, die Israeliten ziehen zu lassen!

Szene 3:
Endlich waren die Israeliten frei! – Schnell mussten sie fort, bevor es sich der Pharao noch einmal anders überlegte! – Zum Essen auf der Flucht nahmen sie ungesäuertes Brot, sogenannte Mazzen, mit. – Da sie so schnell aufbrechen mussten, blieb keine Zeit mehr, es vor dem Backen zu säuern.

Szene 4:
Freude und Erleichterung über das Ende der Knechtschaft waren unter den Israeliten sehr groß. – Bedeutung des Tages der Befreiung für das Volk Israel so groß, dass zur Erinnerung an diesen besonderen Tag jedes Jahr das Passa-Fest gefeiert wird.

Das Passa-Fest (a)

Das Passa-Fest erinnert die Juden bis heute an den Auszug aus Ägypten. Die Speisen beim Fest haben daher eine besondere Bedeutung.

Schneide die richtigen Speisen aus und ordne sie den Texten zu.

Das Passa-Fest (b)

Erinnert an die bittere Zeit der Sklaverei.

Erinnert an die vielen Prüfungen, die das Volk stärker machten.

Erinnert an die Fruchtbarkeit der Erde.

Erinnert an das Lamm, mit dessen Blut die Türpfosten bestrichen wurden.

Speisen beim Passa-Fest und ihre Bedeutung

Erinnert an das Brot, das in der Eile des Auszugs ungesäuert blieb.

Erinnert an die Freude über die Befreiung aus der Sklaverei.

Erinnert an die vielen geweinten Tränen.

Erinnert durch seine Farbe an die Lehmziegel, die die Israeliten herstellen mussten.

Erzählwerkstatt: Das Wunder am Schilfmeer

Einstimmung:
Volk Israel macht sich in einem langen Zug aus Menschen und Tieren auf den beschwerlichen Weg durch die Wüste – dem Schilfmeer entgegen. – Gott, der ‚Ich bin für euch da, zieht mit ihnen, wie er es Mose versprochen hatte. – Am Tage zeigt eine weiße Wolkensäule am Himmel seine Nähe an und in der Nacht eine Feuersäule, die den Israeliten den Weg weist.

Szene 1:
Nach dem Auszug der Israeliten bereut der Pharao seine Einwilligung und schickt seine Reiter und Streitwagen hinter den Israeliten her, um sie zurückzuholen. – Israeliten kommen in große Gefahr: Vor ihnen liegt das Meer, hinter ihnen rücken die Ägypter an.

Szene 2:
Große Angst macht sich unter ihnen breit. – Schützend stellt sich eine Wolke zwischen die Flüchtlinge und die bedrohlich näher kommenden ägyptischen Soldaten. – Die ganze Nacht weht ein starker Ostwind, der das Wasser des Meeres zurückweichen lässt – wie ein Wunder: Alle Israeliten können durch das geteilte Wasser über den feuchten Sand sicher ans andere Ufer gelangen – aber Ägypter und ihre schweren Streitwagen versinken im Sand und im zurückflutenden Meer und gehen in den Fluten unter. – Nachdem das Volk Israel gerettet ist, denkt sich Mose: Das alles tut Gott, um uns zu schützen.

Szene 3:
Israeliten jubeln: „Wir sind gerettet!“, singen und tanzen vor Freude und Erleichterung und danken Gott, der sie sicher geführt hat.

11 Das Wunder am Schilfmeer

Schreibe auf, was auf den Bildern zu sehen ist! Ordne sie der Reihe nach.

Lied: Ihr werdet Quellen finden – Mayim (a)

Originaltext: Jesaja 12, 3; Tanz aus Israel; Dt. Nachdichtung: Siegfried Macht

Lied: Ihr werdet Quellen finden – Mayim (b)

Tanzanleitung

Ein Tanz aus Israel erzählt: Ihr werdet Quellen finden:

Im Kreis, Hände der Nachbarn locker herabhängend gefasst, alle Schritte zügig im Mittelmaß der Viertelnote

A-Teil: Im Uhrzeigersinn über die Kreisbahn (Blick zur Mitte)		
Takt	Bewegung	Bedeutung/Wüstengeschichte
1+2	Rechter Fuß kreuzt vor linkem, linken Fuß nach links stellen Rechter Fuß hinter linkem, linken Fuß nach links stellen	Wenn unsere Füße einen Weg in den Wüstensand zeichnen würden, könnte man eine Schlangenlinie – wie einen Bachlauf – erkennen. Wir folgen ihm bis an die Quelle.
3–8	Diese 4 Schritte noch 3 x wiederholen	Der Weg ist länger als wir dachten: 3 x so lang!
B-Teil: 2 x zur Mitte und zurück		
9+10	4 Schritte zur Mitte (in den ersten hineinspringen, Fassung senken und beim 4. Schritt wieder heben)	Wir springen zur Quelle oder einem Brunnen hinunter und schöpfen Wasser.
11+12	4 Schritte zurück (in den ersten hineinspringen, Fassung senken und beim 4. Schritt wieder heben)	Wir haben das erste Gefäß gefüllt und holen ein zweites.
13–16	Diese 8 Schritte noch 1 x wiederholen	Wir springen mit dem zweiten Gefäß zur Quelle …
C-Teil		
17+18	4 kleine Laufschritte im Uhrzeigersinn	Wir bringen das Wasser zu unserer Familie, zu unseren Freunden …
19–22	(Auf dem linken Fuß stehen und) mit rechts 7 x hin und her tippen: nach li-re-li-re, li-re-li. Statt eines 8 Tipps wird der rechte Fuß (mit Gewicht) abgesetzt.	Wir verteilen unser Wasser, viele (das meint die Bibel oft mit „sieben") haben Durst …
23–26	(Auf dem rechten Fuß stehen und) mit links 7 x hin und her tippen: nach re-li-re-li, re-li-re. Statt eines 8 Tipps wird der linke Fuß (mit Gewicht) abgesetzt.	Ja, eigentlich „alle" (also noch mal „sieben") haben Durst …

© Tanzbeschreibung zur CD „Gottes Geist bewegt die Erde" (siehe Homepage): www.SiegfriedMacht.de

Erzählwerkstatt: Wüstenwanderung des Volkes Israel

Einstimmung:
Nach der Rettung am Schilfmeer ist das Volk Israel seit drei Tagen unterwegs. – Ringsumher nur Wüste und Sand zu sehen – Reise sehr beschwerlich: heiße Tage mit sengender Sonne und kalte Nächte.

Szene 1:
Seit der Rettung am Schilfmeer haben die Israeliten kein Wasser mehr gefunden. – Volk ist erschöpft durch die lange Wanderung unter den schweren Bedingungen und durch den Wassermangel. – Endlich entdeckt eine Vorhut eine ersehnte Wasserstelle: die Wasserstelle zu Mara! – ABER: Sie können das Wasser nicht trinken, da es ungenießbar ist.

Szene 2:
Verzweiflung und Unmut im Volk werden immer größer. – Mose wendet sich Hilfe suchend an Gott. – Mose nimmt einen Ast, wirft ihn ins Wasser und es wird süß und genießbar – Gott sei Dank! – Erleichtert und gierig trinken die Israeliten von dem so dringend benötigten Wasser.

Szene 3:
Volk zieht weiter zum Berg Sinai. – Wieder liegt eine schwere Wanderung durch die Wüste Sinai vor ihm, die wieder anderthalb Monate dauern wird. – Bald sind die Vorräte aufgebraucht und in der ausgetrockneten Wüste lassen sich erneut keine Wasser- und Nahrungsquellen auffinden. – Das Volk fängt an zu murren und am Sinn des Auszugs aus Ägypten zu zweifeln. – Gott hört diese Zweifel und erbringt neues Wunder: Er versorgt sein Volk mit Manna und Wachteln – jeden Tag aufs Neue mit genau so viel, wie das Volk für einen Tag benötigt.

Ergänzende Informationen zur Erzählwerkstatt:
Manna: Manna ist ein kleines, weißes oder gelbes Kügelchen. Dieses wird von *Schildläusen* ausgeschieden, die den süßen Saft aus *Tamarisken* saugen. In der Kühle der Nacht erstarren die Tropfen und fallen zu Boden. Manna schmilzt in der Mittagshitze und ist dann ungenießbar.
Wachteln: Wachteln sind Vögel. Sie sind braun mit rostgelben Streifen. Wachteln sind *Zugvögel.* Im September verlassen sie Europa (erklären) und kehren im März aus Afrika zurück. Häufig machen sie auf der Sinaihalbinsel Rast. Die erschöpften Vögel lassen sich dort leicht mit der Hand fangen.

14 In der Wüste – doch nicht allein

waagerecht

1. Busch, der brannte ohne zu verbrennen
2. Hier wurden die Israeliten wunderbar gerettet
3. Lebenswichtig für Tiere u. Menschen
4. Essbare Zugvögel

senkrecht

1. Berg der 10 Gebote
2. Fluss in Ägypten
3. Rohmaterial für Ziegel
4. Moses Beruf
5. Führer Israels
6. Ägyptischer Königstitel
7. Jüdisches Hauptfest, erinnert an den Auszug aus Ägypten

15 In der Wüste – doch nicht allein (Lösung)

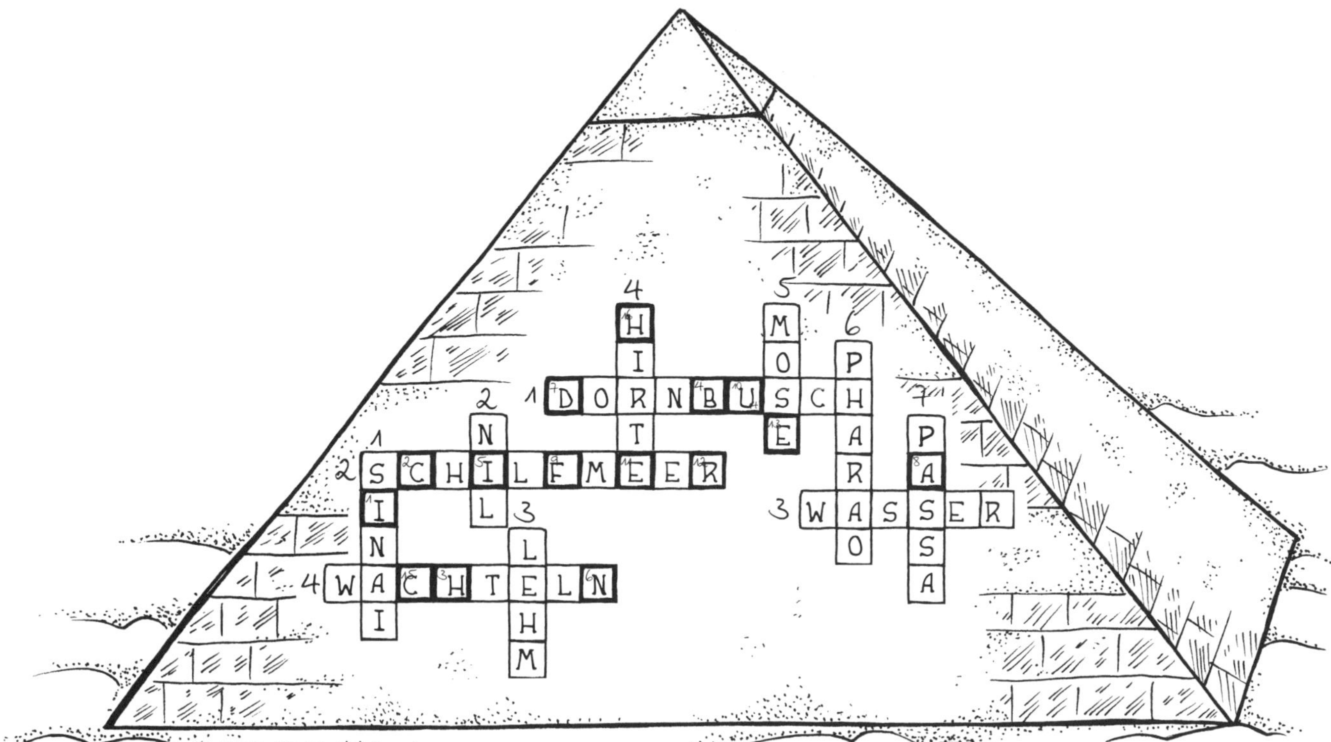

Die Buchstabenreihe 1–16 nennt den Gottesnamen:

I	C	H	B	I	N	D	A	F	U	E	R	E	U	C	H
1	2	3	4	5	6	7	8	9	10	11	12	13	14	15	16

Erzählwerkstatt: Gott schließt einen Bund mit seinem Volk und gibt ihm die Zehn Gebote für ein Leben in Freiheit

Einstimmung:
Die Israeliten schlagen nach jahrelanger, entbehrungsreicher Wanderschaft am Berg Sinai ihr Lager auf, jenem heiligen Berg, an dem Gott den Hirten Mose aus dem brennenden Dornbusch angerufen hat und das Ende der Knechtschaft und den Weg in die Freiheit angekündigt hat.

Szene:
Mose steigt auf den Berg Sinai und hört eine neue Botschaft Gottes: „Ich schließe mit euch einen Bund: Ich bin euer Gott, und ihr seid mein Volk. Ich habe euch in die Freiheit geführt. Mit diesem Bund erhaltet ihr meine Zusage, dass ich immer bei euch bin. Die Ordnung soll euch schützen und euer Zusammenleben regeln." Mose schreibt die Ordnung des Bundes auf zwei Steintafeln. Die Gebote auf den Tafeln sollen helfen, das gemeinsame Leben in der neu gewonnenen Freiheit gelingen zu lassen.

Die Zehn Gebote – Ordnung für ein Leben in Freiheit (a)

1.Gebot:
Du sollst nicht anderen Göttern nachlaufen.

2. Gebot:
Du sollst dir kein Bild von Gott machen.

יהוה

3. Gebot:
Du sollst Gottes Namen nicht missbrauchen.

4. Gebot:
Du sollst den Feiertag heiligen.

5. Gebot:
Du sollst deinen Vater und deine Mutter ehren

Die Zehn Gebote – Ordnung für ein Leben in Freiheit (b)

6. Gebot:
Du sollst nicht töten.

7. Gebot:
Du sollst keine Ehe zerstören.

8. Gebot:
Du sollst nicht stehlen.

9. Gebot:
Du sollst über andere nichts Unwahres sagen.

10. Gebot:
Du sollst dir nicht aneignen, was anderen gehört.

Erzählwerkstatt: Das Volk Israel erreicht das gelobte Land

Einstimmung:
Volk Israel zieht nach der Verkündung der zehn Gebote noch weitere Jahre umher auf der Suche nach dem verheißenen Land.

Szene 1:
Nach 40 langen Jahren mit vielen Entbehrungen und Prüfungen hört Mose von Gott, dass das Volk endlich in das gelobte Land gelangen soll. – Mose erfährt, dass er sterben wird, bevor das Volk Israel das versprochene Land erreichen wird. – Gott lässt Mose vom Berg Nebo das verheißene Land in seiner Größe und Pracht erblicken, bevor er stirbt. – Josua und nicht Mose führt die Israeliten in das heilige Land.

Szene 2:
Volk Israel veranstaltet vor Freude, nun endlich im verheißen, fruchtbaren Land in Freiheit leben zu können, ein Dank- und Erinnerungsfest. – Gottes Verheißung, auf die sie so lange gewartet und an der sie zeitweise gezweifelt haben, hat sich endlich erfüllt!

Szenisches Spiel: Endlich im gelobten Land!

1. Unterdrückung in Ägypten

Israeliten als Sklaven – verrichten in großer Hitze schwere Arbeit (Bau von Städten und Pyramiden: Wasser und Steine transportieren, Steine behauen, Lehmziegel formen, …) – ägyptische Aufseher, die Israeliten immer wieder zur Arbeit antreiben

Requisiten: Peitsche, Wasserkrug

2. Schilfmeer

Israeliten nach der letzten Plage aus Ägypten geflohen, um ins verheißene Land und in die Freiheit zu ziehen. – Ägyptische Streitwagen verfolgen sie. – Vor den Israeliten liegt das Schilfmeer, hinter ihnen nahen die heranstürmenden Ägypter. – Rettung der Israeliten durch Gottes Teilung des Schilfmeers – Freudenfest

Requisiten: Schilfkolben, blaues Krepppapier für Wasser, Beutel, in denen Israeliten Wasser und ungesäuertes Brot mit sich führen, Stab

3. Nahrung in der Wüste

Israeliten ziehen seit Tagen durch die heiße, trockene Wüste, ohne Wasser und Schatten zu finden. – Hunger und Durst – kaum noch Kraft, um weiter zu laufen – Israeliten zweifeln an Gott und an ihrem Auszug aus Ägypten. – Gott versorgt sein Volk mit Wasser und Wachteln und Manna als Nahrung.

Requisiten: Moses Hirtenstab, mit dem ungenießbares Wasser trinkbar wird, Brotkrumen, Federn als Symbol für Wachteln

4. Endlich im gelobten Land!

Kurz bevor das Volk Israel das gelobte Land erreicht, stirbt Mose: Er darf das versprochene Land in seiner Schönheit noch sehen, aber er kann es nicht mehr betreten. – Israeliten trauern um Mose, freuen sich aber auch, nach harten Jahren mit vielen Prüfungen endlich das gelobte Land erreicht zu haben. – Israeliten feiern aus Freude und zu Ehren Gottes ein Passa-Fest.

Requisiten: Bunte Tücher als Symbol für das fruchtbare Land, Gegenstände des Passa-Mahls

3 Jesus Christus

Emil Nolde, „Christus und die Kinder“, 1910 © Nolde Stiftung Seebüll

C Gleichnisse Jesu: Auf Spurensuche in Gottes neuer Welt

1. Theologische und didaktische Aspekte

Zentraler Punkt der Verkündigung Jesu ist die Botschaft „Gottes Reich, Gottes befreiende Herrschaft, ist nahe!" – Wie aber füllt er die Metapher „Reich Gottes", die tief in der Glaubens- und Hoffnungstradition Israels verwurzelt ist? Das Evangelium von der neuen Welt und Nähe Gottes interpretiert Jesus auf vierfache Weise:

a) Im Horizont des nahen Gottesreiches werden *Kranke geheilt* (z. B. Mt 8 f.; 11,2 ff.), *Dämonen ausgetrieben* (z. B. Mk 1,21 ff.; Lk 11,14 ff.) und *Sünden vergeben* (z. B. Mk 2,5 ff.). Die Macht der gott- und lebensfeindlichen Kräfte ist gebrochen, der Mensch als Ganzer soll „heil" werden.
b) Dass Gott den Menschen nahe ist, drückt sich auch in Jesu *Tischgemeinschaft* mit den „Verlorenen" aus (z. B. Mk 2,13 ff.; Lk 14,15 ff.). Armen, Kindern, Traurigen, nach Brot und Gerechtigkeit Hungernden steht Gottes Reich zuerst offen (Lk 6,20 ff.).
c) Angesichts der Nähe des Reiches gelten neue Maßstäbe, lassen sich Menschen von einer *neuen Gerechtigkeit* leiten – die Bergpredigt entfaltet sie (Mt 5–7).
d) In immer neuen *Bildern und Gleichnissen* schließlich malt Jesus seine Entdeckung vom nahen Gottesreich aus, Bilder, die einander ergänzen und sich gegenseitig interpretieren.

Das Material für diese Gleichnisse, die vor allem Träger seiner Botschaft sind und unser besonderes Interesse beanspruchen, entnimmt Jesus der Alltags- und Erfahrungswelt seiner Hörer: Indem er von Saat und Ernte, von Bauern und Fischern, von Festen und spielenden Kindern erzählt, schließt er seinen Hörern zugleich Aspekte von Gottes neuer Welt auf. An Alltagserfahrungen der Zeitgenossen anknüpfend (Weinbau, Hausbau, Fischerei, Landwirtschaft, Hochzeitsbräuche, Geldverkehr, Erbrecht etc.), erschließt er ihnen neue Erfahrungen, die Mutlose aufrichten und Abgestumpfte das Staunen lehren; er lädt sie ein, selbst in ihrem Alltag und in ihrem Leben Gottes Nähe und sein Reich zu entdecken.

Gleichnisse zeigen Möglichkeiten, die neue Wege jenseits gewohnter Einstellungen und Verhaltensweisen eröffnen (Beispiel: Lk 14, 16 ff., Das große Gastmahl).

Dadurch, dass Gleichnisse veranschaulichen, wie sich das Reich Gottes in unserem Leben entfaltet, wird seine Nähe bewusst gemacht.

Gleichnisse laden dazu ein, die Welt und die Menschen gleichsam mit Gottes Augen zu sehen, das Ende von Leid, Elend und Lieblosigkeit durch Gottes Wirken zu erkennen und darin die Anwesenheit Gottes zu spüren.

Das Gleichnis vom Senfkorn (Mt 13,31 f. par.): Die Einleitungsformel „Das Himmelreich (= Gottesherrschaft/Reich Gottes) ist gleich …" (einem Senfkorn/einem Sauerteig/einem Schatz …) ist, wie bei den meisten Gleichnissen, stereotype, verkürzende Redeweise. Sie zielt nicht auf Identifikation, sondern meint etwa: „Mit der Gottesherrschaft verhält es sich wie mit dem, was bei einem Senfkorn zu entdecken ist, … wie mit der folgenden Geschichte von einem Schatz" o.ä., d.h., der Vergleich bezieht sich nicht auf ein einzelnes Detail, sondern auf einen Vorgang in seiner Gesamtheit.

Senfkörner entwickeln sich zumeist aus sehr kleinen Samenkörnern. So wiegen ca. 760 Körner nur ein Gramm. Die ausgewachsene Senfstaude (kein Baum) hingegen erreicht am See Genezareth eine Höhe von bis zu 3 m und überragt damit alle anderen Gartengewächse. Anfangs- und Endstadium werden einander gegenübergestellt:
– im Anfang ist das Ende, das in Aussicht stehende Ergebnis, wunderbarerweise schon mit gesetzt und wirksam. – Zum Motiv der in den Zweigen nistenden Vögel: s. Ez 17,23; 31,6; Dan 4,9.18. – Mit dem Hinweis auf die große Menge an Vögeln, die in der Staude leben sollen, wird noch einmal auf die beeindruckende Größe einer ausgewachsenen Staude aufmerksam gemacht.

Das Gleichnis vom Sauerteig (Mt 13,33 par.): Auch dieses Gleichnis, mit dem vorhergehenden zum Doppelgleichnis zusammengestellt, ist ein Kontrast- und Wachstumsgleichnis. Der Akzent liegt hier auf der alles durchdringenden, verändernden Wirkung, die schon wenig Sauerteig in einer größeren Menge Mehl (drei Scheffel = 39 Liter; sie ergeben über zwanzig Kilogramm Brot) hervorzurufen vermag. – Sauerteig entsteht aus einer Mischung von Wasser und (Roggen)Mehl (zu etwa gleichen Teilen). Unter Einwirkung von Wärme durchsetzen Milchsäurebakterien (kommen im Mehl, in der Luft und im Wasser vor) in ein bis zwei Tagen den ganzen Teig und schaffen ein saures Milieu. Sauerteig, dem Backwerk beigemischt, lockert dieses auf, verbessert dessen Geschmack sowie die Verdaulichkeit und Haltbarkeit. – Brot wurde auch im alten Israel täglich neu gebacken; Jesu Zuhörer konnten also die zweifache Wirkung des Sauerteigbildes aus eigener täglicher Anschauung gut nachvollziehen: dass eine kleine Menge Sauerteig im Zuge des beschriebenen Gärungsprozesses eine vielfache Menge Teig zu durchdringen und bezüglich Geschmack und Haltbarkeit zu verändern vermag.

Die Bilder vom Senfkorn, das zur beschützenden Staude wurde, und vom Sauerteig, der das ganze Mehl durchsäuert, machen Mut: Auch im kleinsten Senfkorn, auch in der geringsten Menge Sauerteig ist Gottes langer Atem wirksam. Übertragen: Mit einigen Fischern, Zollpächtern und Dirnen hat es angefangen. Sie erreicht Jesu Botschaft vom geöffneten Himmel. In ihnen geht der Same auf, aus dem ein neuer „Weltenbaum" entstehen kann (Dan 4,7ff.). Gottes langer Atem, einmal in die Geschichte hineingesprochen, bleibt in ihr wirksam und verändert nachhaltig das Gesicht der Welt.

Das Gleichnis vom Schatz im Acker (Mt 13,44): Erzählungen von (bei Kriegsgefahr o.ä.) vergrabenen und später zufällig gefundenen Schätzen erfreuen sich im Alten Orient großer Beliebtheit und beflügeln die Fantasie. – Jesus denkt im vorliegenden Gleichnis offensichtlich an einen Tagelöhner, der bei der Arbeit auf fremdem Feld einen Schatz findet. Möglicherweise ist er beim Pflügen auf einen in der Tiefe verborgenen Krug (mit wertvollen Gold- und Silbermünzen?) gestoßen. Der überraschende Fund löst bei dem Mann eine dreifache Aktivität aus: 1. Er vergräbt den Schatz wieder, um ihn vor Dieben zu schützen. 2. Er verkauft seinen gesamten Besitz, um den Acker (und mit ihm den Schatz) kaufen zu können. 3. Er kauft den Acker und wird damit zum rechtmäßigen Besitzer auch des Schatzes. Auffallend ist, dass das Gleichnis abrupt abbricht – kein Wort verliert es z.B. darüber, wovon der Finder künftig leben wird, nachdem er doch seinen gesamten Besitz zu Geld gemacht hat. Glück und Freude sind die vorherrschenden

Gefühle, die alle kalkulierenden, abwägenden Skrupel in den Hintergrund drängen. Der unverhoffte Fund verändert sein Leben von Grund auf und schafft völlig neue Prioritäten. Der Schatz wird zur Metapher für gelingendes, authentisches Leben, das alles andere relativiert.

2. Kompetenzen und Ziele

Die Schülerinnen und Schüler

- wissen, dass Jesus redend und handelnd die Nähe Gottes anschaulich macht und diese von Menschen als Veränderung und Befreiung erfahren wird (Sachkompetenz)
- lernen die Gleichnisse vom Senfkorn, vom Sauerteig und vom Schatz im Acker kennen und können sie altersangemessen als Bilder für Gottes neue Welt und Einladungen zum Staunen und Vertrauen erklären (Sach-/Deutungskompetenz)
- werden sich bewusst, dass Jesus dazu einlädt, seine Botschaft von der Nähe Gottes im Leben der Menschen wirksam werden zu lassen (Soziale Kompetenz)
- nehmen an Vorgängen aus dem eigenen Erfahrungsbereich wahr, wie kleine Anfänge und Dinge den Keim zum Großen in sich tragen (Wahrnehmungskompetenz)

3. Unterrichtsschritte

a. Bilder vom Paradies

Einstieg: Sch sammeln zum Begriff „Paradies“ Assoziationen, suchen im Internet/in Zeitschriften Darstellungen zu ihren Assoziationen und gestalten eine Collage. Zum Erwartungshorizont: Assoziationen von Kindern eines 3. Schuljahrs: *Im Paradies wachsen viele Blumen und Bäume; Wunderland; Im Paradies gibt's Träume, die man erleben kann; Man braucht keine Angst zu haben; Alle Sachen, die schlimm sind, werden nie mehr geschehen.*

Vertiefung/Ergebnissicherung: Besprechung der Arbeitsergebnisse: Paradiesbilder sind Wunsch-/Traumbilder, die oft im Gegensatz zur weniger „paradiesischen“ Gegenwart stehen.

Lied: Lass uns eine Welt erträumen, Strophe 1 (1).

b. Jesajas Traum

Einstieg/Visueller Impuls: Sch betrachten Vision des Jesaja (2) – zunächst nur das untere Drittel des Bildes, der restliche Teil ist abgedeckt. Zu sehen sind in Grautönen gehaltene Symbole des Lebensfeindlichen und der Gewalt: Panzer, Kanonenrohr, Schwert, Stacheldraht, Totenschädel.

Anschließend betrachten Sch nur das obere Drittel. Zu sehen sind in Rottönen Symbole des Friedens und der Liebe: Ein Kind spielt mit einer (Gift-)Schlange, ein Bär und ein Rind liegen friedlich nebeneinander, ein (Friedens-)Taubenpärchen sitzt friedlich unter einem Himmel voller Rosen.

- Die Friedens- und Hoffnungsvisionen des oberen Bilddrittels verwandeln die tödliche Wirklichkeit des unteren, lebensfeindlichen Drittels: Die Panzerkanone ist zerborsten, das Kanonenrohr mutiert zum Blumentopf, das Schwert zerbricht, aus dem Stacheldraht blühen Rosen.
- Sch betrachten abschließend ganzes Bild und überlegen Deutungsmöglichkeiten zur Person in der Mitte des Bildes.

Erarbeitung: Sch entwickeln eine Überschrift für das Bild.

Vertiefung: Sch lesen in Anlehnung an den Bibeltext Jesaja 11,6–8 „Der Messias und sein Friedensreich“: (3).

Erarbeitung der im Text enthaltenen Bilder:
- Wolf und Lamm (mögl. Fragen: Leben Wolf und Lamm in der Natur friedlich zusammen und haben keine Angst voreinander?)
- Panther und Böckchen (Was frisst ein Panther? Würde er sich friedlich neben eine Ziege legen, wenn er Hunger hat?)
- Kalb und Löwenjunges werden von einem Kind gehütet (Könnte ein kleines Kind einen riesigen Löwen bändigen?)
- Kuh und Bär
- Stroh fressender Löwe (Was frisst ein Löwe ?)
- Säugling und Schlange (Würden eure Eltern euch/eure kleinen Geschwister in der Nähe einer giftigen Schlange spielen lassen?).

Vertiefung: Sch vergleichen Text und Bild miteinander und suchen nach Inhalten und Aussagen des Textes im Bild.

In Anlehnung an das Friedensreich des Messias, in dem Wolf und Lamm unter einem Dach wohnen, gestalten Sch in Einzel-/Partnerarbeit ein Haus mit Sprach- oder Farbbildern, in dem eigene Hoffnungen und Sehnsüchte sich ausdrücken.

Lied: Lass uns eine Welt erträumen Str. 2 (1).

c. Mit Jesus beginnt Gottes neue Welt

Einstieg: L schreibt auf Tafel den zentralen Satz aus der ersten Predigt Jesu:
„Die Zeit ist erfüllt, und das REICH GOTTES ist herbeigekommen." (Mk 1,15) und erzählt zur Bedeutung des Reich Gottes/des Himmels eine Geschichte (4).

Erarbeitung: Sch versuchen im Hinblick auf Tafelanschrieb und die gehörte Geschichte eine erste Deutung; aufgreifen des Jesaja-Traums unter dem Aspekt: „Der Himmel öffnet sich. Gott kommt zu den Menschen!"

Vertiefung: Sch tragen auf rechter Hälfte des Wandbilds/Poster (5) zusammen, in welchen Situationen Gott für sie auf der Erde ist.
Hinweis: Nach der Vorlage von (5) kann das Wandbild erstellt werden, auf der linken Seite können jeweils zum aktuell behandelten Gleichnis Piktogramme in der dargestellten Art angebracht werden. Am Ende der Einheit ergibt sich aus dem Wandbild eine Zusammenfassung der Thematik, wo aus Sicht der Sch und in Form biblischer Texte Gottes Welt zu den Menschen kommt.

Lied: Das Himmelreich, 1. Strophe (6).

d. Der Samen geht auf – Das Gleichnis vom Senfkorn (Mk 4,30–32)

Sch lernen Gleichnis kennen als eine biblische Geschichte, in der Gottes Reich zu den Menschen kommt:

Einstieg: L legt jedem Sch ein weißes Senfkorn in die Hand; Sch betrachten Senfkorn und tauschen anschließend ihre Beobachtungen aus. Sch hören (mit geschlossenen Augen) mit dem Senfkorn in ihrer Hand die Erzählung „Ich, das Senfkorn" (7). Sch erarbeiten folgende Aspekte:
- das Wunder des Wachstums in seinen verschiedenen Entwicklungsstufen
- das Wachsen auf ein Ziel hin
- die Gewissheit, dass aus etwas sehr Kleinem etwas Großes werden kann
- den Kontrast zwischen dem winzigen Senfkorn und der ausgewachsenen Senfstaude
- das Gleichnis als Hoffnungsgeschichte, die zuversichtlich Gottes Nähe und Herrschaft erwarten lässt.

Piktogramm zum Senfkorn wird an Wandbild angebracht.

Vertiefung: Im Lied: Das Himmelreich, 1. und 2. Strophe (6) vollziehen Sch das Wachsen des Senfkorns durch Körpersprache nach (hocken – mit gesenktem Kopf und verschränkten Armen stumm verharren – allmählich stärker und schneller werdende Bewegungen – strecken und ausbreiten).

Das Gleichnis vom Senfkorn wird anhand eines Ziehharmonika-Bilderbuches wiederholt und gestaltet (8).

Festigung/Abschluss: Sch betrachten ihre gestalteten Ziehharmonika-Bilderbücher (8): Das Senfkorn in seinen verschiedenen Entwicklungsstadien ist zu sehen: Ein einzelnes Korn wird behutsam vom Sämann eingepflanzt; an den Schößlingen um den Sämann herum zeigt sich, dass die Saat aufgegangen ist. Im Rücken des Säenden steht die Zukunft seines Tuns: Eine ausgewachsene Staude trägt reiche Frucht und bietet sich als Nist- und Ruheplatz für Vögel an. So wundersam und fruchtbringend ist die hier gesäte Zukunft, ist Gottes Reich.

e. Im Teig verborgen – Den Teig durchdringend: Das Gleichnis vom Sauerteig (Mt 13,33)

Einstieg: Die Sch sammeln Erfahrungen mit Sauerteig (Geschmack, Geruch von Sauerteig) und können sinnlich nachvollziehen, wie eine kleine Menge Sauerteig eine große Menge Teig zu durchdringen und zu verändern mag. Sch backen Sauerteigbrot selber.

Alternativ: Klassenfrühstück mit a) etwas Sauerteig (Anschauungsobjekt), b) ungesäuertem Brot, c) (spürbar) gesäuertem Brot. Sch probieren zunächst das ungesäuerte Brot und beschreiben es hinsichtlich Geschmack, Geruch und Aussehen. Ebenso wird anschließend mit dem gesäuerten Brot verfahren. Beim Vergleich beider Brotsorten wird den Sch selbst als vorherrschendes Attribut in Geruch und Geschmack „sauer/säuerlich" auffallen.

L führt den Begriff „Sauerteig" ein, zeigt etwas Sauerteig und gibt Erläuterungen dazu (s. theologische Aspekte).

L erzählt das Gleichnis vom Sauerteig (9).

Gespräch über die Wirkung des Sauerteigs unter folgenden Schwerpunkten:
- Die kleine Menge Sauerteig durchdringt die große Menge des Teigs und verändert sie.
- Die Bakterien als wirksame Kräfte sind verborgen, doch ihre große Wirkung und die durch sie ausgelöste spürbare Veränderung sind deutlich erkennbar.

Piktogramm zum Sauerteig wird an Wandbild angebracht.

Vertiefung/Transfer: Sch erarbeiten, wo sich in unserem Alltag unsichtbare, verborgene Kräfte zeigen, wo Menschen Gutes für andere tun und dadurch Gottes Reich wirksam wird. Durch eine geheimnisvolle Kraft wächst Gottes Reich und breitet sich aus, z. B.: Ein Junge, der immer nur der Stärkste sein wollte, lässt unerwartet ein schwächeres Kind mitspielen/beschützt es gegenüber anderen Kindern, …

Sch ergänzen: „Gottes Reich wächst, wo/wenn …" und sammeln aus Internet, Zeitschriften, … Beispiele selbstloser Hilfe (ggf. Langzeitauftrag); Ergebnisse können zu einem „Hoffnungsbuch" zusammengestellt werden oder an einen „Hoffnungsbaum" gehängt werden.

Lied: Das Himmelreich, 3. Strophe (6).

f. Der Schatz im Acker (Mt 13,44)

Einstieg: L stellt eine Schatztruhe in die Mitte des Erzählkreises. Sch notieren auf Wortkarten, welchen „Schatz" die Truhe enthalten könnte. Sch tragen die Ergebnisse vor und legen die Kärtchen um die Truhe.

Sch überlegen, in welchen Zusammenhängen sie schon von Schätzen gehört haben (Abenteuergeschichten von Schatzsuchern; Berichte über Forscher, die antike Schätze finden; zufällige Funde von Schätzen bei

Bauarbeiten; …): Sch überlegen sich Gründe, warum Schätze vergraben wurden, L liest Zeitungsartikel mit Erklärungen zum Sinn dieses Versteckens vor (10).

Erarbeitung: L trägt Gleichnis vor (11). Piktogramm zum Schatz im Acker wird an Wandbild angebracht.

Vertiefung: Sch überlegen, was alles „Schatz“ sein kann/Schätze, die man nicht kaufen/verkaufen/in die Hand nehmen kann …Was ist kostbarer und wichtiger als alles andere/was möchte ich nie verlieren?

Sch gestalten eine eigene Schatztruhe (zeichnen oder kleine Schachtel (um)gestalten) und legen eine Zeichnung ihres kostbaren Schatzes hinein. Die Beispiele der Sch werden mit dem Gleichnis in Verbindung gebracht: Dem Finder des Schatzes war dieser so viel wert, dass er seinen ganzen Besitz dafür einlöste, um diesen Schatz zu bekommen.

Abschluss: L öffnet Schatztruhe aus der Einstiegsphase und schenkt jedem Sch einen Schokoladen-Taler.

Lied: Das Himmelreich, Str. 1–3 (6).

Lied: Lass uns eine Welt erträumen

Text und Musik: Gerhard Schöne

2. Lass uns eine Welt erträumen, wo man singt und lacht,
   wo die Traurigkeit der andern selbst uns traurig macht;
   wo man, trotz der fremden Sprache, sich so gut versteht,
   dass man alle schweren Wege miteinander geht.

3. Lass uns eine Welt erträumen, wo man unentwegt
   Pflanzen, Tiere, Luft und Wasser wie einen Garten pflegt,
   wo man um die ganze Erde Liebesbriefe schreibt,
   und dann lass uns jetzt beginnen, dass es kein Traum bleibt.

Vision des Jesaja

© Sieger Köder, Vision des Jesaja

Der Messias und sein Friedensreich

Wenn der Messias kommt und sein Friedensreich bringt, wird es so sein:
Dann werden Wolf und Lamm wie Freunde unter einem Dach wohnen,
der Panther wird sich neben das Ziegenböckchen legen;
Kalb und Löwenjunges wachsen zusammen auf,
ein kleiner Junge kann sie hüten.
Kuh und Bär freunden sich an,
der Löwe wird Stroh fressen wie der Ochse.
Der Säugling spielt ohne Gefahr am Schlupfloch der Schlange.

H. F. (nach Jes 11,6–8)

Geschichte vom Reich Gottes

Stell dir vor: Ein Kind hat jahrelang nichts anderes gesehen als sein Zimmer und seine drei Spielsachen. Es ist immer allein gewesen. Es kennt gar nichts anderes als Alleinsein. Es wünscht sich hundert Spielsachen – das ist Schlaraffenland. Es wünscht sich tausend Spielsachen – das ist Superschlaraffenland.
Aber da geht die Tür auf und es kommt jemand zum Mitspielen herein, der denkt sich ständig etwas Neues aus und ist unheimlich nett. Erst mit ihm zusammen macht alles Spaß. So ähnlich könnte Himmel [Gottes Reich] sein.

(aus: Siegfried Macht, Wie ein Fenster zu Gott – Gleichnisse sehen lernen, S. 27)

Gott kommt zu den Menschen

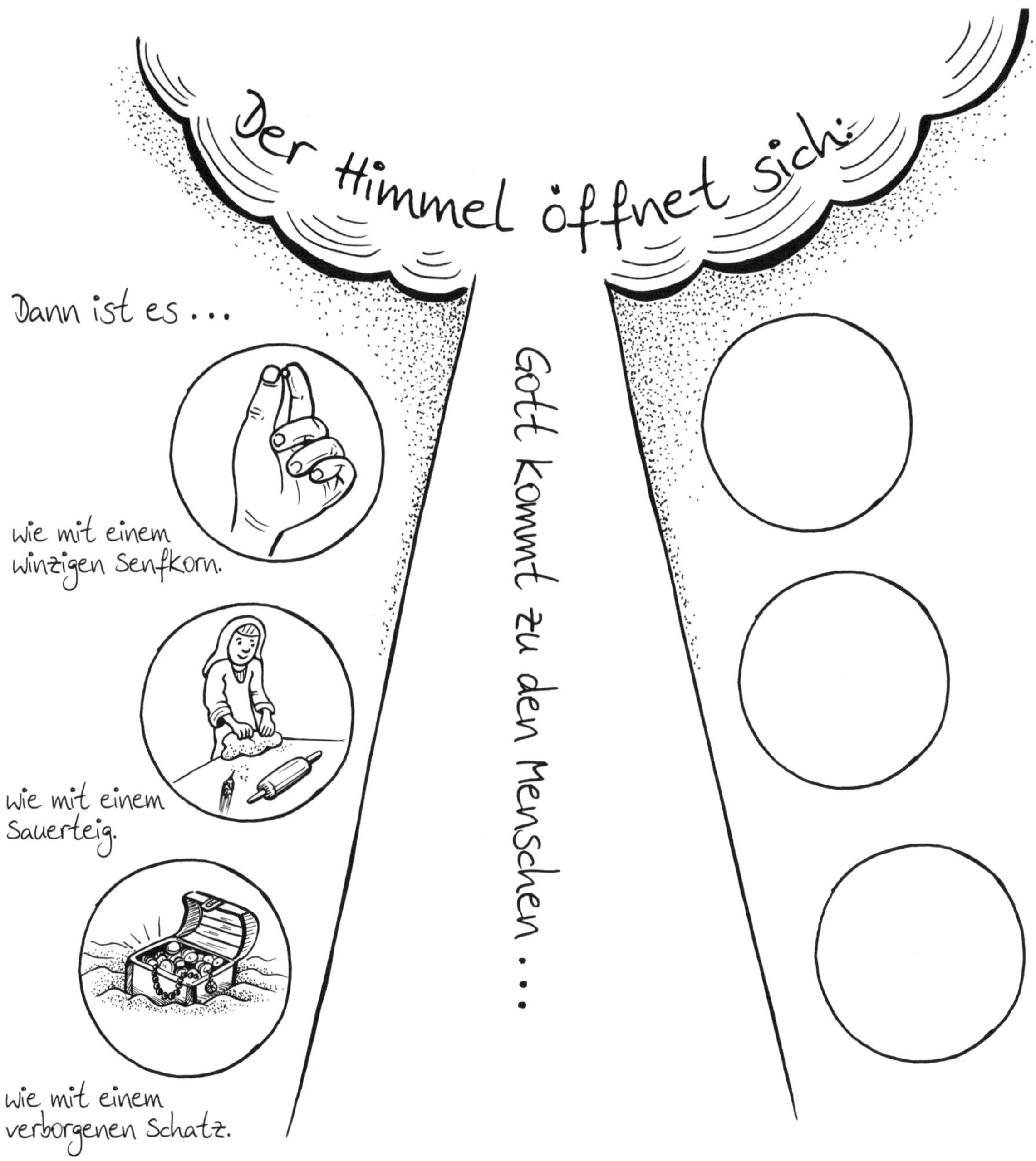

Lied: Das Himmelreich

Text: Siegfried Macht; Melodie: aus Israel; "Harimon", mdl. überliefert aus Buchara

2. Das Himmelreich, das Himmelreich
ist dem gesäten Senfkorn gleich:
Erst ist es klein, man sieht es kaum,
dann wächst es und wird wie ein Baum.

3. Das Himmelreich, das Himmelreich
ist wie ein Stückchen Sauerteig,
das eine mengte unters Mehl
bis es durchsäuert ohne Fehl.

Ich, das Senfkorn

Jesus hat einmal gesagt:

„Mit dem nahen Himmelreich verhält es sich wie mit einem Senfkorn, das ein Bauer nahm und auf einen Acker säte. Das Senfkorn ist das kleinste unter allen Samenkörnern. Sobald es aber aufgeht, ist es größer als die anderen Gewächse und wird zu einem großen Strauch. Die Vögel des Himmels kommen und nisten in seinen Zweigen"

(nach Mt 13,31).

Das Senfkorn in meiner Hand kann mir helfen, dieses Bibelwort von Jesus zu verstehen. Wenn das Senfkorn erzählen könnte, würde es uns vielleicht folgende Geschichte erzählen:

„Ich bin ein Senfkorn. Ich bin winzig klein. Wenn sich eine Hand um mich schließt, bin ich nicht mehr zu sehen. Ich bin klein wie ein Staubkörnchen. Wie kann aus etwas so Kleinem etwas Großes werden? Eines Tages ereignet sich etwas Merkwürdiges: Ein Bauer nimmt mich und wirft mich zusammen mit anderen Senfkörnern in hohem Bogen auf einen Acker. Ich falle in tiefe, weiche Erde. Um mich ist es dunkel und kalt. Ich fühle mich wie in einem Grab.
Doch dann geschieht ein Wunder. Meine Schale bricht auf, Wurzeln wachsen aus mir und tasten sich in die braune Erde vor. Ich, das kleine Senfkorn, wachse! Ich wachse und durchbreche die Erde – wachse der Sonne entgegen. Ihre Strahlen wärmen mich. Die Tropfen des Regens fördern mein Wachstum. Ich wachse und reife, ich bringe Zweige hervor und Blätter und Früchte. Aus mir, dem unscheinbaren Senfkorn, ist eine stattliche Staude geworden. Hasen und Rehe finden Schutz unter meinem Blätterdach, Vögel bauen in meiner Krone ihre Nester, Schmetterlinge spielen um meine Krone und ruhen sich in meinen Zweigen aus. Kinder fühlen sich in meiner Nähe wohl.
Das ist wie ein Wunder. Ich bin nicht mehr klein und unscheinbar. Aus etwas Winzigem ist Großes geworden. In mir steckt Leben."

Das Senfkorn in meiner Hand erinnert uns daran, dass aus Kleinem etwas Großes, aus Unscheinbarem etwas Wichtiges werden kann. Das Senfkorn erinnert uns an das Wunder von Gottes Reich, an das Wunder, dass aus Samen- und Eizelle ein Mensch wird, an das Wunder der Taufe.

Im Senfkorn ist Hoffnung enthalten – Hoffnung für heute und morgen.

(H. F.)

8 Faltbild zum Senfkorn

Jesus sagt: Wir können das Reich Gottes mit einem Senfkorn vergleichen

Wenn das Senfkorn aufs Land gesät wird, ist es das kleinste unter allen Samen auf der Erde.

Wenn es aber in der Erde liegt, treibt es

und wird größer

als alle Gartenkräuter

und bildet große Zweige,

sodass die Vögel, die unter dem Himmel fliegen, in seinem Schatten Nester bauen.

9 Das Gleichnis vom Sauerteig

Mit Gottes Friedenswelt ist es wie mit einer Handvoll Sauerteig, den eine Frau unter eine große Wanne Teig mischte, sodass der ganze Teig durchsäuert wurde und gut aufgehen konnte.

(nach Mt 13,33)

10 Ein Zeitungsartikel zu einem gefundenen Schatz

Über sechshundert Jahre alter Goldschatz gefunden

Wertvolle Münzen bei Bauarbeiten entdeckt

Unna Bei Bauarbeiten für eine neue Tiefgarage wurde letzte Woche von einem aufmerksamen Tiefbauarbeiter ein wertvoller Goldschatz gefunden. Bei dem Schatz handelt es sich um eine große Menge an Goldmünzen und einige Silbermünzen. Einige der gefundenen Goldmünzen sind mit englischer und französischer Prägung versehen. Daher wird vermutet, dass der Schatz von einem reichen Kaufmann vergraben wurde, der auf seinen Handelswegen bis nach England und Frankreich kam. Forscher überlegen nun, warum der Kaufmann seinen wertvollen Schatz damals vergrub. Eine Bande von Dieben, die zu der Zeit durch die Gegend zog und den Menschen Geld und wertvolle Gegenstände stahl, könnte ein Grund sein. Auch kleinere Kriege zwischen zwei Landesfürsten um mehr Land und Macht könnten den Kaufmann veranlasst haben, seinen gesamten Besitz zu vergraben. So versuchte er zu verhindern, dass sein Schatz den streitenden Soldaten in die Hände fiel. Vermutlich starb der Kaufmann in einem dieser Kriege und konnte deshalb seinen wertvollen Schatz nicht mehr ausgraben. So wurde der Schatz erst jetzt, 600 Jahre später, durch einen glücklichen Zufall gefunden.

11 Das Gleichnis vom Schatz im Acker

Gottes neue Welt ist einem Schatz vergleichbar, der, in einem Feld verborgen, unverhofft von einem Arbeiter entdeckt wird. Der Fund ist ihm so viel wert, dass er alles verkauft, um das Stück Land mit dem Schatz kaufen zu können.

(nach Mt 13,44)

D Weihnachten: „... und wohnt(e) unter uns"

1. Theologische und didaktische Aspekte

Das Leitmotiv dieser Weihnachtsreihe ist dem Prolog des Johannes-Evangeliums entnommen: „Und das Wort ward Fleisch und wohnte unter uns, und wir sahen seine Herrlichkeit ..." (Joh 1,14). Wo Matthäus und Lukas Geburtsgeschichten bieten, entfaltet der vierte Evangelist den Gedanken der Menschwerdung („Inkarnation") von Gottes Wort und Weisheit („Logos"). In Jesus von Nazareth nimmt es Gestalt an, wird Gott quasi handgreiflich. Das Anstößige und Einladende dieser Aussage liegt vor allem in der bewussten Verwendung des Begriffes „Fleisch". „Fleisch" ist Metapher für den ganzen Menschen, für den Menschen gerade auch in seiner Schwäche, Wider-sprüchlichkeit und Endlichkeit (vgl. Jes 40,6–8). Gott wird Mensch, das Wort wird Fleisch – provozierender kann für jüdische wie griechische Ohren die Weihnachtsbotschaft nicht eingekleidet werden! Dichter und menschlicher kann sie aber auch von der Sache her nicht ausgesagt werden. Nicht nur zum Schein, sondern konkret und greifbar nimmt das rettende Wort menschliche Gestalt an. Als Mensch von Fleisch und Blut „schlägt er sein Zelt auf" bei den Menschen, in ihm ist der Himmel auf Erden. – Im Begriff „wohnen" schwingt im griechischen Urtext der Gedanke des „Zeltes" mit (= „und zeltete unter uns") – die Assoziation zu der die Nähe Gottes symbolisierenden Stiftshütte im Zusammenhang des Exodus ergibt sich schnell.

Gott kommt zu allen Menschen. Die Aussage soll in diesem Schuljahr am Beispiel der Hirten verdeutlicht werden, die aufgrund ihrer ständigen Wanderschaft mit ihren Herden auf der Suche nach Weideland für ihre Schafe vom gemeinschaftlichen Leben ausgegrenzt waren und am Rande der Gesellschaft angesiedelt wurden. Gott wird Mensch in einem Stall; sichtbar stellt er sich auf die Seite der kleinen Leute: der Fischer und Zöllner, der Bauern und Hirten, der Frauen und Kinder.

Gott wird Mensch, wo man ihm Lebensraum gibt. Die Aussage, dass Gott zu allen Menschen kommt, wird hier durch die Metaphorik des Wohnens verdeutlicht. Der Stall wird zur Metapher dafür, dass Weihnachten nicht aufwendiger Vorkehrungen und besonderer Zimmerreservierung bedarf, sondern sich dort ereignet, wo Menschen auf Freude, Liebe und Frieden hoffen und vertrauen.

Gott heute Lebensraum zu geben heißt, Leben zu schützen, aufzurichten, was bedroht ist, und Zeichen der Hoffnung gegen die Signale des Todes zu setzen. Die Nähe des Mensch werdenden Gottes an der Seite der Niedrigen und Erniedrigten ist nicht Geschichte, wie die Zeitform des Imperfekt („ward Fleisch", „wohnte") suggeriert, sondern aktuelles Geschehen. Gottes Wort wird auch heute Mensch, es nimmt unsere Gestalt an und wohnt unter uns. Es wohnt in den Slum- und Favelabewohnern, in den Gefolterten und Sterbenden. Es wohnt aber auch in denen, die sich von den Bildern und Strukturen des Elends und Unrechts anrühren lassen und in geschwisterlicher Verantwortung Gottes Inkarnation heute inszenieren.

Die unterrichtliche Umsetzung bemüht sich um eine überzeugende Verschränkung von biblischer Tradition und aktueller Situation. Sie entfaltet zunächst handelnd das Moment des Wohnens hier und heute und verknüpft es über das biblische Erzählen der Weihnachtsgeschichte mit den Orten, Menschen und Gegebenheiten der biblischen Zeit. Auf drei Ebenen wird im weiteren Verlauf die Weihnachtsbotschaft vom unter uns wohnenden Gott vergegenwärtigt:

- im Lied: „Sagt es leise weiter" (4), das die Botschaft der Engel „Fürchtet euch nicht! Gott ist da!" mit Konkretionen verbindet, wo und wie Gott heute unter uns wohnt;
- in Szene 7 der Erzählwerkstatt (3) wird die immer wiederkehrende Grundaussage „Gott ist gekommen, zu bringen, was fehlt, Christ ist geboren! Gott liebt unsre Welt!" deutlich
- in der Traumgeschichte „Gespräch an der Krippe" (5), die in Verbindung mit der sich anschließenden Aktion vielleicht am deutlichsten den Gegenwartsbezug zum Weihnachtsgeschehen herausstellt und dem Missverständnis der Idylle entgegenwirkt.

Biblisch erzählen

Die Weihnachtsgeschichte wird leicht abgewandelt dargestellt. Sie begleitet Maria und Josef vom Beginn ihrer Reise durch den Befehl des Kaisers, sich auf den Weg zur Volkszählung zu machen, bis zu ihrer Ankunft im Stall. Darüber hinaus werden auch die Hirten auf ihrem Weg zum Stall erzählend begleitet. Durch die Erzählung soll herausgearbeitet werden, dass durch die Geburt Jesu als Gottes Sohn Gott unter die Menschen tritt, quasi unter ihnen wohnt. Hierbei soll betont werden, dass Gott unter „allen" Menschen wohnt, hier am Beispiel der armen, am Rande der Gesellschaft lebenden Hirten.

2. Kompetenzen und Ziele

Die Schülerinnen und Schüler …

- nehmen wahr, dass Gott durch die Geburt Jesu zu allen Menschen kommt und unter ihnen wohnt (Wahrnehmungskompetenz)
- deuten „wohnen" als Bildwort und beziehen es auf das Weihnachtsgeschehen (Deutekompetenz)
- begreifen „wohnen" als Ausdruck der Nähe und Menschenfreundlichkeit Gottes (Sachkompetenz)
- erkennen, dass Menschen auch vom Rande der Gesellschaft sich auf den Weg machen, um das Jesuskind anzubeten: Hirten brechen auf, um das Jesuskind zu sehen und anzubeten und die Botschaft Gottes weiterzugeben (Sachkompetenz)
- belegen anhand einfacher Beispiele, wo und wie Gott heute unter uns wohnt (Transfer).

3. Unterrichtsschritte

a. Alltag in Nazareth

Einstieg: Sch betrachten Folie mit Dorfgrundriss aus der Zeit Jesu (s. auch RU PRAKTISCH 2, 150f) (1). Sch wiederholen die wichtigsten Inhalte des Dorflebens zur damaligen Zeit.

Sch gestalten aus Vorlage (2) ein eigenes Haus und stellen die selbst gestalteten Häuser zu einem eigenen Dorf als Kulisse zusammen.

Sch denken sich Alltagssituationen aus und stellen sie mittels Figuren in dem gestalteten Klassendorf dar. (z. B. Verwendung von „Bethel-Püppchen" (7–10 cm große Holzkegelfiguren; Bezug: v. Bodelschwinghsche Anstalten Bethel pro Werk, Hügelstr. 8, 33613 Bielefeld, www.proWerk-bethel.de) oder Egli-Figuren).

Erarbeitung: L trägt Szene 1 der Erzählwerkstatt (3) vor und untermalt die Erzählung mit den Figuren.

b. Der Bote des Kaisers und die Reise nach Bethlehem

Einstieg: L führt die Fortsetzung der Erzählwerkstatt durch ein Signal (Trommel, Tamburin o. ä.) und die Figur des kaiserlichen Herolds ein. L trägt Szene 2 der Geschichte vor (3).

Erarbeitung: Sch überlegen sich mögliche Reaktionen der Leute aus Nazareth (Protest, Wut, Angst, Ohnmacht, …) und stellen sie pantomimisch dar.

Sch hören Szene 3 der Erzählwerkstatt (3).

Lied: Der Wirt, er schmaust weiter. Wohin gehen? (4, nur Oberstimme).

Erarbeitung: Sch übernehmen in Gruppenarbeit die Reisevorbereitungen für Maria und Josef, indem sie überlegen, was den beiden wichtig ist und im Gepäck auf die lange Reise mitgenommen wird (der Partner als Stütze; der Partner, der einem in der fremden Gegend Vertrauen und Sicherheit bietet; der einem Mut macht; der einem hilft, wenn man erschöpft ist; Gesprächspartner; Gemeinschaft; …). Ergebnisse werden in einem an der Tafel aufgemalten Reisebeutel gesammelt.

Festigung: Sch spielen: „Ich verreise und packe in meinen Koffer…" mit Dingen, die ihnen wichtig sind und die sie auf eine lange Reise mitnehmen würden (Eltern, Freunde, Kuscheltier, …).

L trägt Szene 4 der Erzählwerkstatt vor (3).

c. Herbergssuche

Vorbereitung: Die selbst gestalteten Häuser der Sch (2) werden als Kulisse einer Häuserzeile in Bethlehem aufgestellt.

Während L die Szene 5 der Erzählwerkstatt (3) vorträgt, agieren Sch mit Figuren (Maria und Josef) parallel zur Erzählwerkstatt, sodass für die Sch besonders das abweisende Verhalten der Bewohner Bethlehems gegenüber Maria und Josef nachvollziehbar wird.

Lied: Wohin gehen? (4, Unter- und Oberstimme können nacheinander oder auch gleichzeitig gesungen werden).

Erarbeitung: Sch stellen Josefs vergebliche Versuche, eine Herberge zu finden, dar (mit Betonung des abweisenden Verhaltens der Herbergswirte und der immer schwieriger werdenden Lage für Maria und Josef).

d. Die Hirten erfahren als Erste die Weihnachtsbotschaft

Einstieg: L zeigt (Stall-)Laterne, Petroleumlampe, Hirtenstab, Schaffell oder ein anderes Hirtensymbol; Sch überlegen, welche Personengruppe hiermit symbolisiert werden soll. Gespräch über Hirten in biblischer Zeit/ergänzende Informationen durch L: Hirten standen am Rande der Gesellschaft; da sie oft mit ihren Schafen in der Natur unterwegs waren, war es ein einsames Leben ohne viele soziale Kontakte; sie führten ein unkomfortables Leben, da sie unter freiem Himmel schliefen, ohne die Vorteile, die das Leben in einem Haus auch damals schon bot (Schutz vor Fremden, wilden Tieren, Kälte oder Hitze …); durch das stetige Weiterziehen hatten die Hirten nicht viel an Besitz, alles Hab und Gut trugen sie bei sich (s. auch RU praktisch Band 1, S. 76 f.).

L trägt Szene 6 der Erzählwerkstatt vor; parallel dazu ist Kulisse aufgebaut, in der Hirten (Holzfiguren) um ein Lagerfeuer sitzen (kreisförmig angeordnete Steine mit kleinen

Ästen als Brennholz) und einigen Schafen, die darum verteilt stehen (angedeutet durch Wattebausche).

Lied: Lasst uns nach Bethlehem gehen (5); Hinweis zum Lied und zum Sprechtext: Das Lied enthält eine angemessene Vergegenwärtigung der Hirtenbotschaft „Habt keine Angst mehr – Gott ist da!“ Es entfaltet diese Botschaft in zwei Richtungen:

a) Wo Gott heute zu finden ist (verborgen – wo Menschen arm, traurig, ängstlich sind) und
b) wie Gott heute gefunden werden kann (wie ein Lichtschein – wie eine tröstende Hand – wie eine Stimme).

L trägt Szene 7 der Erzählwerkstatt vor. Parallel dazu ist der Stall aufgebaut, in dem Maria, Josef und das Jesuskind untergekommen sind (Schuhkarton, der zu allen Seiten – bis auf die Rückwand – offen ist, mit Stroh ausgelegt, zwei Holzfiguren als Maria und Josef, Krippe mit einem angedeuteten Jesuskind, Schafe und Esel).

Sch überlegen sich Situationen, in denen sie Traurigen geholfen haben, wieder fröhlich zu werden, und gestalten die Situation: Sch malen auf einem Papierkreis ein trauriges Gesicht. Auf der Rückseite des Gesichts stellen sie die Situation dar, in der jemand traurig war. Sch gestalten ein Smiley-Gesicht. Auf der Rückseite stellen sie dar, wie sie dem anderen in der Situation geholfen haben, wieder fröhlich zu werden. Die beiden ausgeschnittenen Papierkreise so übereinanderlegen, dass auf der einen Seite das traurige Gesicht und auf der anderen Seite das fröhliche Gesicht zu sehen ist. Papierkreise mit einer Flügelklammer aneinander befestigen, sodass die beiden Kreise aufgeschoben werden können und die traurigen und fröhlichen Situationen sichtbar werden.

Lied: Sagt es leise weiter und Sprechtext (6).

e. „… und wohnt(e) unter uns“

Einstieg: Sch hören das „Gespräch an der Krippe“ (7). Nach einem Auswertungsgespräch werden auf Zettel die Stichworte „Mathearbeit“, „zerbrochener Milchbecher“, „Lügen“ geschrieben und in den Stall vor die Krippe gelegt.

Erarbeitung: Sch notieren auf Zettel, was sie (im Sinne der Erzählung) dem Jesuskind „schenken“ würden. Die Zettel werden an der Krippe abgelegt. Je nach Bereitschaft der Sch liest L bzw. Sch die Zettel vor.

f. Planung eines Schulgottesdienstes

Sch malen zu den 8 Szenen der Erzählwerkstatt (3) Bilder auf Folien, die parallel zur Darbietung der Geschichte projiziert werden. Während des Vortrags musikalische Untermalung des Textes; Lieder: (4–6).

Dorfgrundriss zur Zeit Jesu

Vorlage für ein Haus der damaligen Zeit

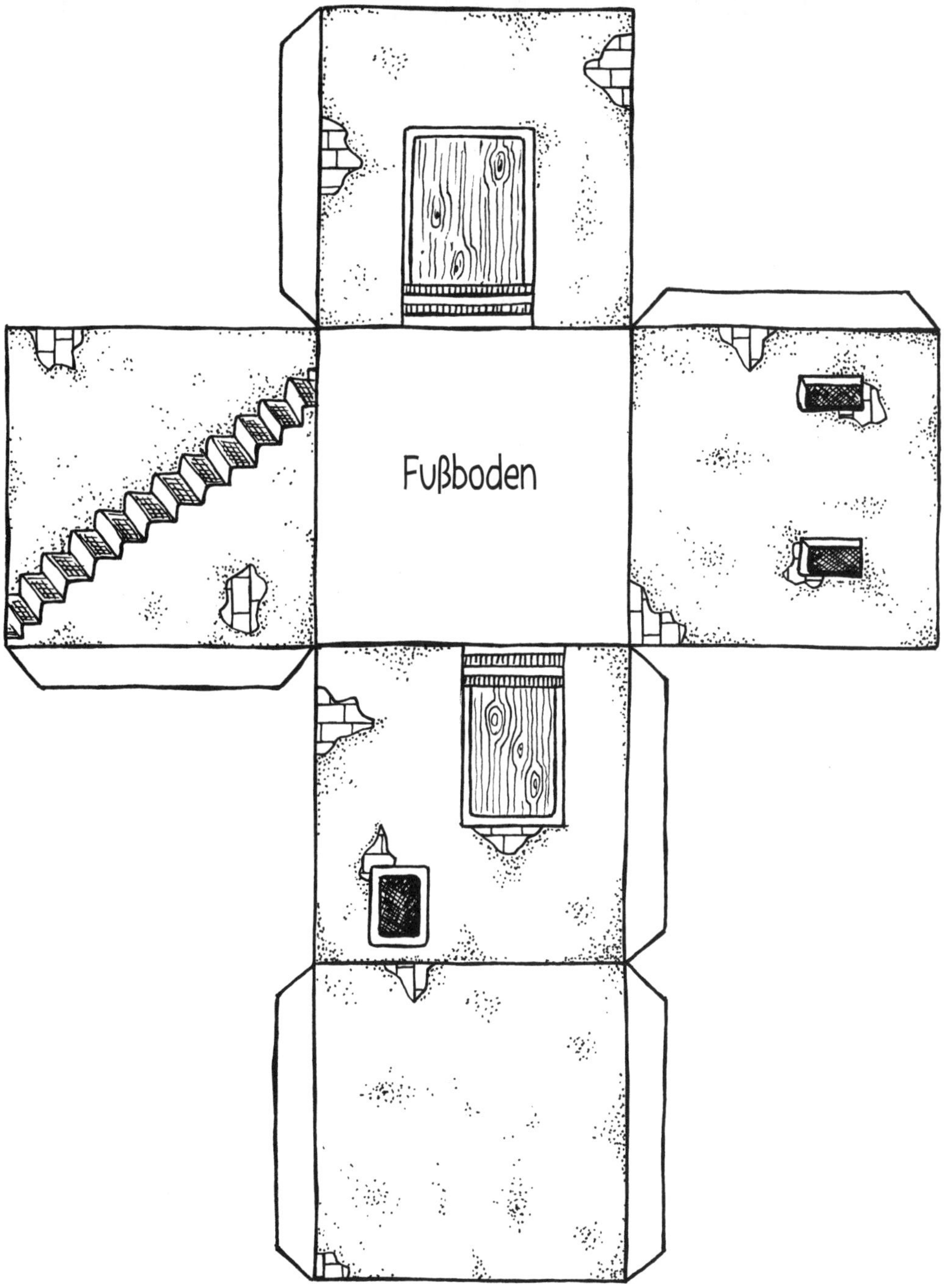

Erzählwerkstatt: Die Heilige Nacht: Gott tritt durch die Geburt Jesu unter die Menschen und wohnt unter ihnen (a)

Einstimmung:
Die schwangere Maria und Josef aus Nazareth erhalten den Befehl, sich zu einer Volkszählung auf den langen Weg nach Bethlehem zu machen.

Szene 1:
Die Bewohner des Ortes Nazareth gehen ihrer alltäglichen Arbeit nach, die Kinder helfen ihren Eltern bei der Arbeit oder spielen.

Szene 2:
Ein prächtig gekleideter Bote des Kaisers kommt nach Nazareth. Auf sein Zeichen hin versammeln sich alle Bürger um ihn herum. Sie sind neugierig und wollen wissen, was der Bote zu berichten hat. Als alle um ihn versammelt sind, verkündet er mit lauter Stimme: „Hört her, ihr Leute aus Nazareth, ich bin ein Bote des Kaisers Augustus und habe folgenden Befehl für Euch: Es gibt eine große Volkszählung im ganzen Land. Der Kaiser möchte wissen, wie viele Menschen in seinem Land leben. Jeder von euch muss sofort in seine Geburtsstadt ziehen und sich zählen und in eine Namensliste eintragen lassen."

Szene 3:
Als die Menschen dies hören, murren sie und beklagen sich. So auch Josef, der Zimmermann, der einen weiten Weg von Nazareth nach Bethlehem, in seine Geburtsstadt, gehen muss: „Ich habe so viel zu tun, wer erledigt meine Arbeit, während ich weg bin?" Maria, die schwanger ist, überlegt verzweifelt: „Ich bin schwanger! Wie soll ich den weiten Weg bis nach Bethlehem schaffen? Und wenn mein Kind unterwegs geboren wird?" Und außerdem: Wo genau ist das? Bethlehem? Maria war noch nie dort. So singt sie: „Wohin, wohin gehen? Wohin gehen wir nur?" Aber dem Befehl des Kaisers können sie sich nicht widersetzen und es bleibt ihnen nichts anderes übrig, als sich auf den Weg nach Bethlehem zu machen.

Lied:
Wohin gehen? (4, nur Oberstimme)

Szene 4:
Maria und Josef sammeln alle Dinge zusammen, die sie für die Reise nach Bethlehem brauchen. Um es ein bisschen einfacher zu haben, nehmen sie einen Esel als Lasttier mit.

Erzählwerkstatt: Die Heilige Nacht: Gott tritt durch die Geburt Jesu unter die Menschen und wohnt unter ihnen (b)

Szene 5:
Nach einer langen und beschwerlichen Reise erreichen Maria und Josef ihr Ziel. In Bethlehem sind vor ihnen schon viele andere Reisende eingetroffen, die sich auch alle dort zählen lassen müssen. Alle Herbergen sind belegt. Josef probiert dennoch immer wieder, in einer Herberge noch einen Schlafplatz zu bekommen. Aber ohne Erfolg. Schließlich bleibt Maria und Josef nichts anderes übrig, als in einem Stall Unterschlupf zu suchen. Maria bringt ihr Kind zur Welt, legt es in eine Futterkrippe und deckt es mit Stroh zu, da sie kein Bett für ihr neugeborenes Kind haben.

Szene 6:
In dieser Nacht, in der Jesus geboren wird, sind draußen auf den Feldern in der Nähe von Bethlehem noch einige Hirten wach. Sie harren in der Dunkelheit und Kälte aus und wachen über ihre Schafe. Plötzlich sehen sie ein Leuchten am Himmel. Die Hirten spüren, dass diese Erscheinung etwas Besonderes, Einmaliges ist.

Lied:
Lasst uns nach Bethlehem gehen (5).

Szene 7:
Die Hirten machen sich schnell auf den Weg, um der Erscheinung nachzuspüren. Sie gelangen zu dem Stall, in dem Maria und Josef mit Jesus sind. Die Hirten sind berührt von der kargen und ärmlichen Umgebung, in der sich die Eltern mit ihrem Neugeborenen befinden und die so gar nicht für die Geburt eines Kindes geeignet ist. Sie spüren aber zugleich auch so viel Liebe und Frieden, die von dieser Situation im Stall ausgehen. Sie merken, dass das Gefühl der Liebe und des Friedens zu allen Menschen kommen kann, ganz gleich, ob sie arm oder reich sind. So gelingt es, traurige Menschen wieder fröhlich werden zu lassen.
Die Hirten wollen dieses wunderbare Gefühl und Erlebnis ihren Verwandten und Freunden erzählen und mit ihnen teilen. Sie eilen los und bringen die frohe Botschaft, dass Gott zu den Menschen gekommen ist, unter die Leute und erzählen von ihrem wunderbaren Erlebnis. Die Hirten werden so zu den ersten Boten, die die frohe Botschaft verkünden.

Erzählwerkstatt: Die Heilige Nacht: Gott tritt durch die Geburt Jesu unter die Menschen und wohnt unter ihnen (c)

Hinweis

Vorschläge zur musikalischen Untermalung der einzelnen Szenen im Unterricht oder im Rahmen eines Schulgottesdienstes:

2. Szene:
Klanghölzer einsetzen als Zeichen der Ankunft des Boten
Trommel schlagen als Zeichen, dass der Bote gleich seine Nachricht verkündet

4. Szene:
langsames, leises Schlagen von Trommeln oder Bongos als Zeichen des mühsamen und beschwerlichen Weges von Maria und Josef

5. Szene:
kurzes, schnelles Schlagen von Holzblocktrommeln als Zeichen des vergeblichen Anklopfens Josefs an verschiedene Herbergstüren

Anschlagen eines Glockenspiels als Zeichen der Geburt Jesu

6. Szene:
Anschlagen einer Triangel als Zeichen des Leuchtens am Himmel

7. Szene:
Klanghölzer/Holzblocktrommeln als Zeichen des Weges der Hirten einsetzen
Glockenspiel als Zeichen der Freude der Hirten beim Anblick des Jesuskindes

Lied: Der Wirt, er schmaust weiter. Wohin gehen?

Text und Musik: Siegfried Macht

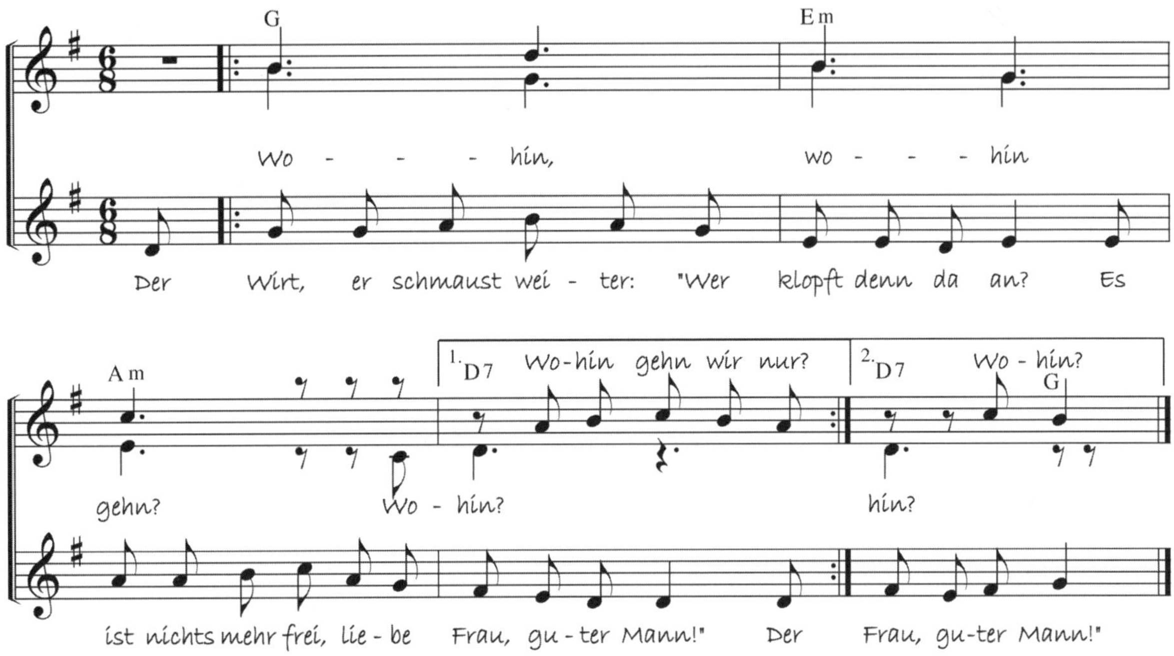

aus: Macht, Siegfried. Haus aus lebendigen Steinen. Lieder für kleine und große Leute. Strube Verlag München 1999

2. Der Nächste, er schaut aus dem Warmen heraus
   und sagt: „Für euch ist kein Platz mehr im Haus."

3. Der Dritte schickt weiter, so taten sie's all ...
   Der Ochs gab die Krippe, der Esel den Stall.

Lied: Lasst uns nach Bethlehem gehen

Text und Musik: Siegfried Macht

aus: Macht, Siegfried. Haus aus lebendigen Steinen. Lieder für kleine und große Leute. Strube Verlag München 1999

Lied: Sagt es leise weiter

Text: Barth/Grenz/Horst; Musik: Detlev Jöcker

aus: Sei gegrüßt, Lieber Nikolaus © Menschenkinder Verlag u. Vertrieb GmbH, Münster

Sprechtext (über Instrumental-Musik):

Er kam in unsere Welt: einfach, arm, menschlich.
Sucht ihn, macht euch auf den Weg!
Sucht ihn nicht hinter den Sternen,
nicht in Palästen, nicht hinter Schaufenstern.
Sucht ihn dort, wo ihr arm seid,
wo ihr traurig seid und Angst habt.
Da hat er sich verborgen.
Da werdet ihr ihn finden,
wie einen Lichtschein im dunklen Gestrüpp,
wie eine tröstende Hand,
wie eine Stimme, die leise sagt:
Fürchte dich nicht.

Gespräch an der Krippe

Thomas besuchte seinen Großvater. Dieser schnitzte gerade eine Krippenfigur. Einige Figuren waren schon fertig und standen auf dem Tisch.

Plötzlich träumte der kleine Junge mit offenen Augen. Die Krippenfiguren begannen zu leben. Die Hirten, die Könige, Maria und Josef begleiteten ihn zum Stall nach Bethlehem. In einer Futterkrippe lag das Jesuskind.

Da durchzuckte es den kleinen Jungen, Tränen schossen ihm in die Augen. „Warum weinst du?", fragte das Jesuskind. – „Weil ich kein Geschenk für dich habe!", stammelte Thomas.

„Um drei Sachen bitte ich dich …", sagte das Jesuskind. Thomas fiel ihm ins Wort: „Ich weiß, du möchtest sicher meine neuen Schlittschuhe, meine Carrera-Bahn und meinen neuen, warmen Anorak?" – „Nein", lächelte das Kind, „das alles brauche ich nicht. Dazu bin ich nicht in diese Welt gekommen. Ich möchte etwas anderes von dir haben." – „Was denn?", fragte der Junge überrascht.

„Schenke mir deine letzte Mathematikarbeit", bat das Jesuskind leise. Da erschrak Thomas sehr. „Jesus", flüsterte er etwas verlegen, „Jesus, da hat doch der Lehrer drunter geschrieben ‚Nicht ausreichend!'" – „Gerade deshalb will ich sie haben." – „Aber warum denn?", fragte Thomas. – „Du sollst mir immer das bringen, wo ‚nicht ausreichend' drunter steht", sagte das Kind.

Danach fuhr das Kind mit einer zweiten Bitte fort: „Ich möchte noch ein zweites Geschenk von dir". Hilflos schaute es der Junge an. „Deinen Milchbecher", fuhr es fort. „Aber … den … den habe ich doch heute morgen zerbrochen!", entgegnete Thomas. – „Du sollst mir immer das bringen, was dir im Leben zerbricht. Ich will es heil machen", versprach das Jesuskind.

„Nun mein dritter Wunsch", flüsterte es aus der Krippe. „Du sollst mir nun noch die Antwort bringen, die du der Mutter gegeben hast, als sie wissen wollte, wie denn der Becher entzwei gehen konnte." Da legte der kleine Junge seinen Kopf auf den Krippenrand und weinte bitterlich. „Ich … ich …", brachte er unter Schluchzen mühsam hervor, „… der Mutter habe ich gesagt, ich hätte den Becher umgestoßen. In Wahrheit habe ich ihn vor Wut absichtlich auf die Erde geworfen."

„Du darfst mir immer alle deine Lügen bringen, deinen Trotz, alles Böse, das du getan hast", tröstete das Jesuskind. „Und wenn du zu mir kommst, will ich dir helfen. Ich will dich annehmen, so wie du bist. Ich will deine Hand nehmen und mit dir gehen. Willst du dir das schenken lassen?" Thomas nickte nachdenklich.

Er kehrte aus seinem Traum in die Wirklichkeit zurück. Er war sehr glücklich.

(E. H. nach einer Idee von W. Baudet)

4 Kirche

Stadtkirche Unna, © Fotostudio Nawrath

E Kirche: Ein Haus für viele

1. Theologische und didaktische Aspekte

Ein Zuhause zu haben, eine Heimstatt, ein „Dach über dem Kopf", gehört zu den Grundbedürfnissen menschlichen Lebens. Ein Haus bedeutet Geborgenheit, einge‚friede't zu sein, zur Ruhe zu kommen. Insofern ist „Haus" Komplementärbild zu „Weg". Nur wer heimkehrt, ein Rast-Haus findet, kann sich regenerieren für erneuten Aufbruch.

Zum Haus gehören Fenster und Türen – Öffnungen, die verhindern, dass eine Behausung zum Gefängnis oder Bunker wird. Öffnungen verhindern ein Gefühl von Enge und Eingesperrtsein.

Die Kirche als Sakralbau hat in vielfacher Beziehung am Symbol des Hauses teil. Als Zelt oder Privatwohnung, als Katakombe oder romanische Fliehburg, als reichgeschmückte Barockkirche oder als modernes Gemeindezentrum wurde und wird die Kirche für viele zur Arche und zum bergenden Ort: zum Ort der Hoffnungen und der Sehnsüchte, zur Stätte der Anbetung und Vergewisserung, der Verkündigung, des Gebets, der Gemeinschaft.

Dabei meint „Kirche" im Ansatz zunächst nicht das Gebäude (die frühen Christen treffen sich im Tempel bzw. in Privathäusern), sondern „Kirche" (von gr. „kyriakos" = zum Herrn gehörig) ist vielmehr die (öffentliche) Versammlung der Christen, sei es als Haus- oder Territorialgemeinde, sei es als Gesamtkirche (als endzeitliches Gottesvolk in Analogie zum Volk Israel).

Ihr Selbstverständnis kann die frühe christliche Gemeinde in unterschiedlichen Bildern ausdrücken. Sie versteht sich als „Leib Christi" (Röm 12,4 f.; 1 Kor 6,15 ff.; 12,12 ff.), als „Haus Gottes" (1 Tim 3,15), als „Schiff" (Mt 8,23 ff.), als „Gottes Ackerfeld" (1 Kor 3,9), als „wanderndes Gottesvolk" (Hebräerbrief). Angesichts des Einsseins in Christus (Gal 3,28) gibt es keine prinzipielle Einteilung mehr nach rein und unrein, Jude und Grieche, Sklave und Freier. Jede(r) ist eingeladen.

Ob sich auch Kindern in ihrer Begegnung mit dem Thema „Kirche – ein Haus für viele" dieser Eindruck vermittelt?

Kirche erscheint zunächst als Institution der Erwachsenen: Der Gottesdienst zielt mehrheitlich ebenso auf sie wie viele biblische Geschichten oder die meisten gemeindlichen Angebote. Hier kann der Religionsunterricht zum Anwalt der Kinder werden, damit sich Kirche in Zukunft stärker als „Haus für viele", mithin auch für Kinder, versteht und sich auch ihnen als Ort der Geborgenheit und des Angenommenseins erschließt.

Der Entwurf arbeitet zunächst Vorerfahrungen im Umkreis des Symbols „Haus" auf, um sodann über ein elementares Bekanntmachen mit der christlichen Kirche einen Zugang zur Gemeinde und ihren Aufgaben unter dem Anspruch, ein „Haus für viele" zu sein, zu stiften. Dabei ist weniger eine funktionale, als vielmehr eine atmosphärisch-emotionale Erschließung intendiert, die auf bisher Unbekanntes neugierig macht und Einladungscharakter hat. Auch hier ist nicht Vollständigkeit, sondern exemplarische

Auswahl bei der Erkundung der Kirche und bei der Begegnung mit Mitarbeitern angestrebt.

2. Kompetenzen und Ziele

Die Schülerinnen und Schüler …

- erfassen den Begriff „Haus“ in seinem Symbolgehalt, insbesondere als Bild für Geborgenheit (Wahrnehmungskompetenz)
- wenden das Bild des „Hauses“ auf die Kirche/die Kirchengemeinde an (Transfer)
- nehmen „Kirche“ als *Gebäude* und als Raum der *Gemeinschaft der Christen* wahr (Wahrnehmungskompetenz)
- kennen verschiedene Anlässe, zu denen sich Menschen neben Gottesdiensten in der Kirche treffen und nehmen die Anlässe als Ausdrucksformen des Glaubens wahr (Sachkompetenz)
- erkennen Kirche als Raum, in dem gelebter Glaube in verschiedensten Formen stattfindet (verschiedenste Aktivitäten: beten, singen, beisammen sein, …) (Wahrnehmungskompetenz)
- sind sich eigener Erfahrungen mit der Kirche und ihren Einrichtungen bewusst (Soziale Kompetenz)
- lernen einige Funktionen, Aufgabenbereiche und Mitarbeiter der Gemeinde kennen (Sachkompetenz).

3. Unterrichtsschritte

a. In meinem Haus, da wohne ich

Einstieg: Sch sitzen im Stuhlkreis und betrachten verschiedene Fotos von „Behausungen“ (Haus im Dunkeln mit hell erleuchteten Fenstern; Iglu mit Eskimos, die sich um ein Feuer scharen, Lehmhütte, …). Sch erarbeiten, dass es sich um unterschiedliche Formen von „Behausungen“ handelt. L bringt Gespräch auf Thema „Bude“ bauen, Sch berichten von ihren Erfahrungen hierzu und beschreiben ihre Empfindungen hierzu: Eine „Bude“ weckt das Gefühl von Kuscheligkeit, Geborgenheit, „Wärme“; mit Freunden in einer Bude zu sitzen, weckt Gemeinschaftsgefühl, kann aber auch beengend sein.

Hinweis: Je nach Klassengröße und -zusammensetzung können die Sch sich zum Einstieg „Buden“ im Klassenraum/in der Sporthalle bauen.

Erarbeitung: Sch beschreiben ihre Empfindungen v. a. in Bezug auf das Haus mit den hell erleuchteten Fenstern, z. B.: Ausströmendes Licht vermittelt ein Gefühl von Kuscheligkeit, Geborgenheit und „Wärme“; hinsichtlich des Iglus: gemeinsam zusammenzusitzen stärkt das Gemeinschaftsgefühl (erzeugt bei einigen aber ggf. auch den Eindruck der Enge und bedrückenden Dunkelheit) (1).

Sch äußern sich zu Bild, auf dem das einsam gelegene Haus mit den hell erleuchteten Fenstern zu sehen ist. Sch beschreiben, wie sie sich fühlen würden, wenn sie aus dem Dunkeln und Einsamen auf dieses Haus zulaufen würden, und schreiben mit ihren Ideen die Fortsetzung zu folgender Geschichte: „Ich lief über ein weites Feld, es regnete und es war kalt. Da sah ich plötzlich in der Ferne ein Haus mit einem erleuchteten Fenster. Ich lief darauf zu…“

Sch lernen das Lied „Das Haus“ kennen (2) und erarbeiten daran in Partner-/Gruppenarbeit

a) was für verschiedene Arten von „Behausungen“ es gibt (s. 1. Strophe): z. B. Höhle, Zelt, Iglu, Fachwerkhaus, Hochhaus, Reihenhaus, Baumhaus, Wohnwagen, … und sammeln dazu Bilder aus dem Internet, die sie als Collage aufkleben
b) wer alles mit ihnen im Haus wohnt (s. 2. Strophe): z. B. Eltern, Geschwister, Großeltern, Nachbarn, andere Familien, Freunde, Haustiere, …

c) welche Funktionen Häuser haben (s. 3. Strophe): Wärme, Schutz, Geborgenheit

Vertiefung: Sch lernen das Lied „Hausspruch" (3) mit ergänzenden Bewegungen kennen.

L führt zunächst nur den ersten Teil des Liedes ein: „In meinem Haus, da wohne ich, da schlafe ich …" – Sch nennen weitere Verben zum Leben im Haus (z. B. spielen, toben, bauen, backen …).

Sch hören den zweiten Teil des Liedes und arbeiten „soziale" Komponenten des Hauses heraus (Raum, in den ich mich alleine zurückziehen kann; selber bestimmen kann, ob ich jemanden sehen möchte; Ort der Ruhe, …); L kann hier Hinweis auf Ruheecken geben, die es in der Schule ja auch gibt, in die sich die Sch gerne mal zurückziehen zum Lesen, …

Sch üben das Lied ein – einzelne Bilder und Tätigkeiten können durch Gestik und Mimik unterstrichen werden.

Sch gestalten Bild zu (3) mit Dingen, die sie zu Hause gerne machen/die ihnen an ihrem Zuhause wichtig sind.

Festigung: Sch basteln ihr eigenes Haus, in dem sie sich wohl fühlen (4).

Die gebastelten Häuser werden zu einem „Klassendorf" zusammengestellt und Sch berichten, was in ihrem „Wohlfühlhaus" alles zu finden ist.

b. Ein Haus ist mehr als eine Behausung

Einstieg: Sch vergleichen ihre Modellhäuser und benennen Einzelteile (Dach, Türen, Wände, Fenster), die allen Häusern gemein sind. Sch klären deren Aufgaben und Funktionen (Schutz vor Regen / Schnee / Wind, Schmutz, Lärm, Wärmespeicher, gewähren/ verwehren Zutritt zum Haus, ermöglichen schönen Ausblick, …). Sie entdecken, welche Merkmale allen Häusern gemeinsam sind und dass diese neben der funktionalen Bedeutung zugleich auch eine symbolische haben (z. B. Dach = Schutz, Tür = zu Hause sein – Ruhe – Geborgenheit – willkommen sein – abgewiesen werden …).

Erarbeitung: „In unserer Stadt/in unserem Dorf gibt es noch andere Häuser …" – Sch tragen zusammen, welchen verschiedenen Funktionen Häuser dienen können: Wohnhäuser – Geschäfte – Rathaus – Post – Schule – Bahnhof – Supermarkt – Kino. – Falls „Kirche" nicht genannt wird, bringt L sie in die Aufzählung ein. L ergänzt „Klassendorf" um ein Kirchenmodell.
Hinweis: Kirchenmodell kann aus zwei Pappschachteln gestaltet werden: Kirchturm mittels einer senkrecht gestellten Schachtel, an die als Kirchenschiff eine breitere, flachere Schachtel angefügt wird; mit gefaltetem Papier Kirchendach darstellen und Kirche künstlerisch gestalten.

Sch erarbeiten gemeinsame Merkmale von Kirchen und anderen Häusern.

c. Jeder hat schon Erfahrungen mit der Kirche gemacht

Einstieg: stummer Impuls: Sch betrachten (5) und äußern Deutungsideen (z. B.: Kirchturm mit Kreuz; unten ein Besucher (ein „ich"); drei Buchstaben stehen für drei Personen: zwei, die Hand in Hand in die Kirche gehen und einer, der „i" ruft; …).

Erarbeitung: Sch erzählen aufgrund eines Kirchenmodells, das L aus Pappschachteln gefertigt hat, von eigenen Erfahrungen mit dem „Gebäude Kirche" und sammeln Anlässe, zu denen sie in einer Kirche waren/in die Kirche gehen, … (z. B. Schulgottesdienst, Kindergottesdienst, Beerdigung, Taufe, Konfirmation, Gemeindefest, Kindergruppe, Kinderbibelwoche etc.).

Vertiefung: Sch stellen ihre bisherigen Anlässe zum Besuch einer Kirche dar. Ergebnisse werden in einer großen „Papierkirche"

als Wandbild angeordnet. (Sammlung kann im Laufe der Einheit weiter ergänzt werden.)

d. In einer Kirchengemeinde gibt es viel zu tun

Vorbereitung: Die Sch erhalten den Auftrag, sich über ihre Kirchengemeinde zu informieren (z. B. am Schaukasten/im Gemeindebrief/ in der Wochenendausgabe der Tageszeitung/ bei Eltern oder älteren Gemeindemitgliedern) und – falls möglich – Material dazu mit in den Unterricht zu bringen. Sch sollen herausfinden, welche Aktivitäten in der Gemeinde (speziell) für welche Altersgruppe angeboten werden. Zur Lösung der Hausaufgabe sollen Sch das AB (6) ausfüllen.

L zeichnet auf Papier das großflächige Modell einer Kirche und besorgt einen/mehrere Gemeindebriefe.

Erarbeitung: Sch stellen ihre Ergebnisse vor und schauen gemeinsam einen Gemeindebrief an.

Herausgefundenen Aktivitäten der Kirchengemeinde werden auf das vorbereitete Plakat übertragen und durch Bilder oder Zeitungsausschnitte ergänzt. Dabei Klärung von Verständnisfragen. Sch arbeiten aus der Vielzahl an Programmangeboten und Spannweite der Altersgrenze der Adressaten heraus, dass Kirche für alle da ist und verbindendes Element aller Teilnehmer der christliche Glaube ist.

Festigung: Sch übertragen die Ergebnisse in ihr AB (7).

Erarbeitung: Sch erkennen, dass für die Vielzahl gemeindlicher Aktivitäten außerhalb des sonntäglichen Gottesdienstes viele Mitarbeiter nötig sind.

Sch legen gemeinsam mit L fest, welche Person aus einer Gemeinde sie in den Unterricht einladen könnten, um sich genauer über deren/dessen Arbeitsbereich zu informieren (z. B. Diakon, Kantor, Jugendreferent, Gemeindeschwester, Pastor/in, ...); Personen, die in der Gemeinde arbeiten, lassen sich z. B. im Gemeindeblatt oder auf der Internetseite der Gemeinde herausfinden. Neben den hauptberuflichen Ämtern in der Kirche lebt das Gemeindeangebot von der freiwilligen, ehrenamtlichen Mitgestaltung der Gemeindemitglieder, z. B. im Chor/Kinderchor mitsingen, bei Sammlungen helfen, Kinderbibelwochen mit vorbereiten usw.

Festigung: Sch planen Besuch des Kirchenmitarbeiters und überlegen sich Fragen, die sie dem Mitarbeiter stellen wollen, besuchen ihn an seiner Arbeitsstätte in der Gemeinde bzw. laden den Kirchenmitarbeiter in ihre Klasse ein.

Abschluss: Sch tragen gesammelten Informationen des Treffens zusammen und schreiben z. B. für Gemeindebrief der Kirchengemeinde einen Artikel.

Verschiedene Behausungen

Lied: Das Haus

(auch im Kanon für 2 Stimmen)

Text: Eva Rechlin; Musik: Siegfried Macht

2. Wie viele haben keine Ahnung,
was alles mitlebt in dem Haus;
die Spinne und die Kellerassel,
der Holzwurm und die Fledermaus.

3. Wenn Mensch und Tier das Haus nicht hätten,
es wäre furchtbar, wie sie frören.
Sie hätten weder Herd noch Betten.
Drum soll man Häuser nicht zerstören.

Lied: Hausspruch

Text: Gina Ruck-Pauquèt; Musik und Gestaltung: Siegfried Macht

Den einzelnen Takten können folgende Bewegungen zugeordnet werden:
Dazu stellen wir uns in zwei Reihen einander gegenüber auf, als Innen- und Außenkreis oder jeder mit einem Partner frei im Raum verteilt.

1. Auf sich zeigen
2. Hände als Spitzdach über den Kopf halten
3. Kopf auf Hände schlafen legen
4. Hand zum Mund führen
5. Auf den anderen zeigen, dabei einen Schritt (und Ranstellschritt) auf ihn zugehen
6. Auf sich zeigen
7. Pantomimisch eine Türklinke betätigen und die „Tür" öffnen
8. Einladende Bewegung („Hereinspaziert!")
9. Auf sich zeigen
10. Mit den Spitzen der Zeigefinger die Mundwinkel heraufziehen
11. Mundwinkel herabziehen
12. Augen schließen und auf den Zehenspitzen hin und her wiegen
13. Auf sich zeigen
14. „Tür" schließen
15. „Schlüssel" umdrehen (abschließen)
16. Einen Schritt (und Ranstellschritt) zurückgehen

Haus zum Wohlfühlen

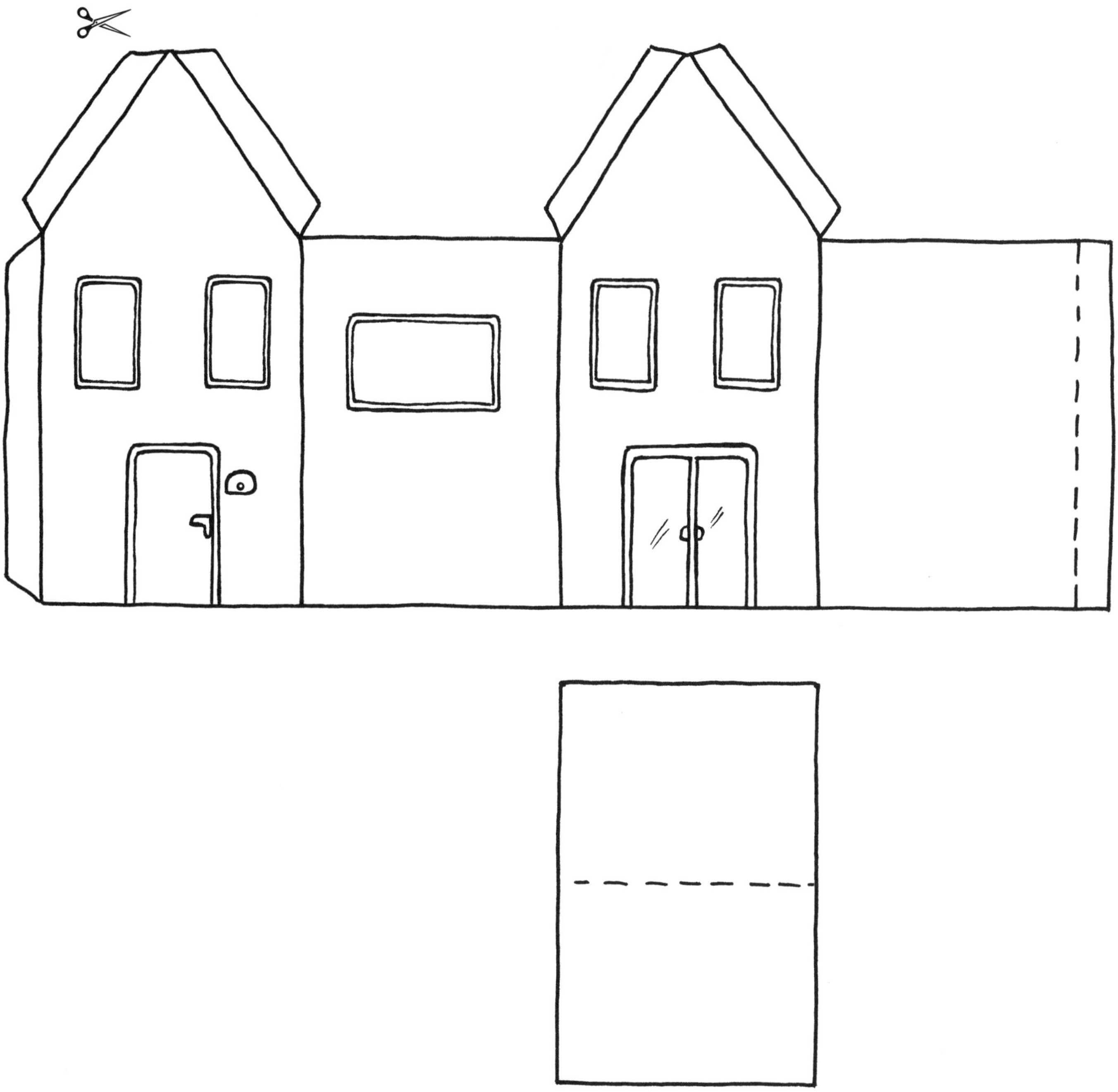

Jeder hat schon Erfahrungen mit der Kirche gemacht

R

K R E

R

R

KIRCHE

KIRCHE

KIRCHE

KIRCHE

KIRCHE

KIRCHE

K i R ch E

© Siegfried Macht, Bayreuth

Meine Kirchengemeinde

1. Wie heißt deine Kirchengemeinde?

Hier ist Platz für ein Foto/
eine Zeichnung von deiner Kirche!

2. Wie heißt der Pfarrer/die Pfarrerin in deiner Gemeinde?

3. Nenne Mitarbeiter deiner Kirchengemeinde und ihre Aufgabe!

4. Nenne Gruppen aus der Gemeinde, die sich regelmäßig treffen.
Kreise ein, welche Gruppe du gern besuchen möchtest!

In einer Kirchengemeinde gibt es viel zu tun

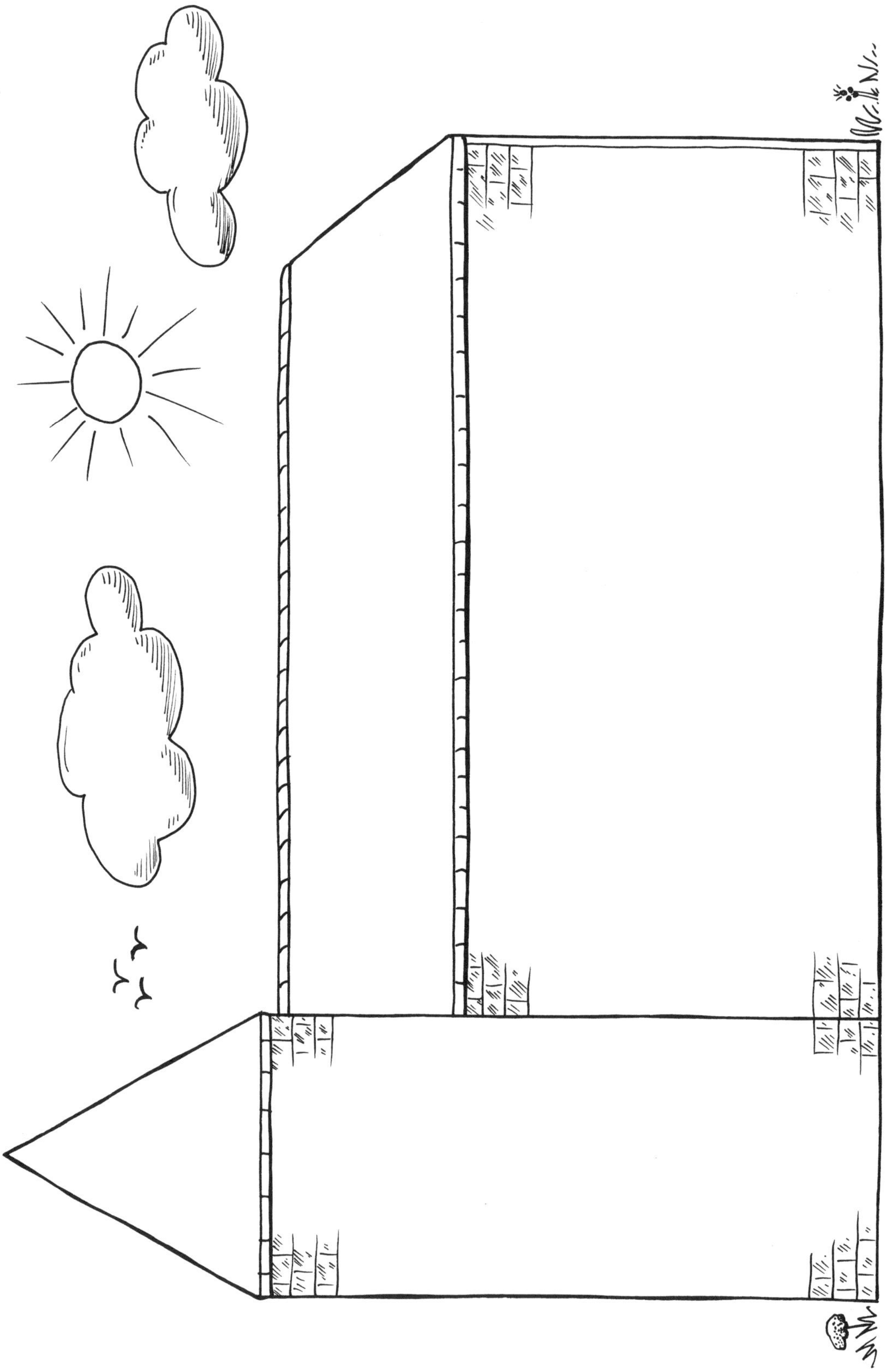

F Evangelisch – Katholisch – Ökumene: Auf gute Nachbarschaft

1. Theologische und didaktische Aspekte

Vieles kann trennend zwischen Menschen treten: Hautfarbe und Rasse, Geld und Tod, Grenzen und Missverständnisse. Trennung ist schmerzlich und immer auch ein Stück Scheitern und Verlust. Trennung hinterlässt Tränen und Narben und häufig einen schalen Beigeschmack.

In besonderer Weise ist die Trennungslinie schmerzlich, die Christen voneinander scheidet. Jede Konfessionalisierung spaltet die Einheit des Evangeliums und den einen, unteilbaren Leib Christi auf, belastet und verrät die Einheit der Gemeinde, die Jesus im „Hohepriesterlichen Gebet" gleich viermal reklamiert (Joh 17,11.21.22.23).

Lehrstreitigkeiten, kontroverse Positionen und Spaltungen bedrohen nicht nur die Gemeinde des Johannes, sondern begleiten faktisch den Weg der Kirche durch die Jahrhunderte. Beispielhaft sei hier auf die Kontroverse zwischen Juden- und Heidenchristen (48: Apostelkonzil in Jerusalem), die Auseinandersetzung mit der Gnosis (ca. 120–150), den arianischen Streit (318–381) um das Problem der Gottheit Christi, den Bruch zwischen Byzanz und Rom (1054) und das Schisma zwischen dem Papsttum von Rom und dem von Avignon verwiesen. Und oft war der Streit, der häufig zur Trennung führte, nicht ein Streit um die Sache und Wahrheit des Evangeliums, sondern um Macht und Einfluss und menschliche Eitelkeit.

Doch keine der vorhergehenden Kontroversen hat so nachhaltig die Säkular- und Frömmigkeitsgeschichte Europas bestimmt wie die Reformation des frühen 16. Jahrhunderts und die Entstehung der Konfessionskirchen. Bis in die Gegenwart begegnen wir im öffentlichen und im privaten Bereich Anschauungen und Positionen, die Spiegelungen konfessioneller Prägungen sind (z. B. unterschiedliches Verständnis von Familie, Ehe, Sexualität – § 218 – Staats- und Naturrecht).

Die ökumenische Bewegung und das 2. Vatikanische Konzil (1962–65) haben eine spürbare Annäherung ehemals unversöhnlicher Standpunkte gebracht. Viele Lehrinhalte sind heute nicht mehr kirchentrennend (z. B. Primat der Schrift – Lehre von Gnade und Rechtfertigung). Das 2. Vatikanum hat eine katholische Mitschuld an der Kirchentrennung anerkannt und die Notwendigkeit betont, voneinander zu lernen. Viele katholische und evangelische Interpreten haben das „Dekret über den Ökumenismus" im Sinne einer ausdrücklichen Anerkennung des Kirchenstatus der aus der Reformation hervorgegangenen christlichen Gemeinschaften gedeutet. In Dokumenten aus den Jahren 2000 und 2007 verweigert der Vatikan den Kirchen der Reformation jedoch ausdrücklich die Anerkennung als „Kirchen im eigentlichen Sinne" (die – wegen des sakramentalen Priestertum – nur in der römisch-katholischen Kirche verwirklicht sei). Von evangelischer Seite sind diese „Klarstellungen" zu Recht als schwere Belastungen des ökumenischen Gesprächs empfunden worden.

Auch andere Punkte bleiben kontrovers und stehen einer ökumenischen Verständigung weiter im Wege, z. B. der unterschiedliche Kirchenbegriff; das unterschiedliche Amtsverständnis, insbesondere der Primats- und Unfehlbarkeitsanspruch des Papstamtes in Entscheidungen der Glaubens- und Sittenlehre; die unterschiedliche Würdigung der Maria. – Auch im Glaubensbegriff zeigen sich grundlegend kontroverse Ansätze: Nach *katholischer* Lehre ist der Glaube des Einzelnen in das eingebunden, was die Kirche durch ihr unfehlbares Lehramt verbindlich als Glauben verkündigt; Glauben heißt: Glauben, was die Kirche glaubt. – Nach *evangelischer* Anschauung bewirkt allein das lebendige Wort Gottes durch den Heiligen Geist den Glauben des Menschen. Eine darüber hinausgehende absolute Wahrheit gibt es nicht.

Im 3. Schuljahr sind die Möglichkeiten ökumenischen Lernens gewiss noch sehr eingeschränkt. Differenzierte Antworten sind kaum möglich, allenfalls allererste Hinweise, die ergänzungsbedürftig bleiben. Dabei kann das Ziel weder darin liegen, die Sch durch Konfrontation mit komplizierten kontroversen Lehrinhalten zu überfordern, noch die Unterschiede völlig auszuklammern.

Grundschulkindern stellt sich die Frage nach der Konfession zunächst im Phänomenologischen:
- getrennter RU
- ggf. die konfessionsverschiedene Ehe der Eltern
- evangelische und katholische Feiertage
- Brauchtum und Symbolik
- Kindergärten in konfessioneller Trägerschaft
- die unterschiedliche Innenausstattung der Kirchen …

Dem im Alltag Beobachtbaren ist nachzugehen. Ökumenisches Lernen greift aber weiter. Es zielt darauf, die eigene Prägung durch Erziehung und Kirche ernst zu nehmen, aber auch gemeinsame Wurzeln und verbindende Elemente zu entdecken (z. B. Bibel, Glaubensbekenntnis, 1500 Jahre gemeinsamer Geschichte, die Hauptfeste des Kirchenjahres, viele Kirchenlieder, religiöses Brauchtum …). Zum Kanon der Gemeinsamkeiten sind gewiss auch die gemeinsam zu lösenden aktuellen und zukünftigen Aufgaben in dieser Welt zu zählen (die Thematik des konziliaren Prozesses, „Gerechtigkeit, Friede und Bewahrung der Schöpfung", nennt solche zwingenden Gemeinschaftsaufgaben). Ökumenisches Lernen heißt aber auch: hinhören und hinsehen, lernen und entdecken, was und warum andere anders glauben.

Ziel soll es immer wieder sein, den Dialog mit anderen Konfessionen und Religionen über verschiedene Sicht- und Denkweisen und verschiedene Glaubensansätze zu suchen und sich mit ihnen auseinander zu setzen. Auch bei divergierenden Auffassungen gilt es, andere Überzeugungen im christlichen Verständnis zu respektieren. Das Ziel und die Herausforderung der Ökumene liegen einerseits darin, unterschiedlichen persönlichen Auffassungen und Überzeugungen Raum zu geben, andererseits aber die gemeinsame Verantwortung für die eine Welt wahrzunehmen.

Solcher Visionen bedarf es immer wieder, gerade auch in Zeiten, in denen der ökumenische Prozess eher schleppend verläuft.

Das Anliegen Martin Luthers und der anderen Reformatoren kann heute nur als bleibender Gewinn und fortdauernde Anfrage an *alle* Kirchen begriffen werden, das „ecclesia semper reformanda" gilt für die reformatorischen Kirchen und die römisch-katholische Kirche in gleicher Weise. Darum darf Luthers Frage nach der Gerechtigkeit Gottes und seine Antwort der Rechtfertigung allein aus Glauben (Röm 1,17; 3,21 ff.) nicht als evangelisches Sondergut reklamiert, sondern muss als allzeit gültige und verpflichtende Mitte des Evangeliums begriffen werden: Gott bejaht uns Menschen ohne Vorleistungen. Er nimmt uns die Angst vor dem Leben und füllt es mit Sinn. Er macht uns nicht klein, sondern groß. Dieser Grundgedanke des Angenommenseins von Anfang an kann über alle Konfessionsgrenzen hinweg als zentraler biblischer Aspekt entdeckt werden. Die Konkretisierungen an einzelnen Stationen der Reformation haben eine didaktisch-hermeneutische Funktion, die den Blick für das Heute im Dialog zwischen katholischen und evangelischen Christen Wesentliche schärfen soll.

2. Kompetenzen und Ziele

Die Schülerinnen und Schüler …

- nehmen wahr, dass der gemeinsame christliche Glaube in verschiedenen Konfessionen gelebt wird (Wahrnehmungs-, Sachkompetenz)
- sind sich grundlegender gemeinsamer Wurzeln, die die unterschiedlichen Konfessionen tragen und verbinden, z. B. Bibel, Feste, Lieder, Vaterunser, … bewusst (Sachkompetenz)
- benennen altersgemäß wahrgenommene phänomenologische Unterschiede, z. B. in der Innenausstattung von Kirchen, bei Festen des Kirchenjahres oder beim Brauchtum (Sachkompetenz)
- machen sich in elementarer Form Gründe, die zur Trennung geführt haben, bewusst (Differenzierung, Sachkompetenz)
- kennen in Grundzügen wichtige Stationen in Martin Luthers Leben und seine reformatorischen Anliegen (Sachkompetenz)
- nehmen Möglichkeiten und Formen ökumenischer Zusammenarbeit wahr (z. B. ökumenische Schulgottesdienste, gemeinsame Trägerschaften von Eine-Welt-Läden, Bibelübersetzung, Kirchentage, …) (religiöse Wahrnehmungs- und Handlungskompetenz, Dialogkompetenz)

Biblisch erzählen

Bei den Erzähltexten zum Leben Martin Luthers handelt es sich nicht um biblische Texte, da die Texte aber auch frei erzählt werden sollen, werden sie in diesem Kapitel auch als Erzählwerkstatt dargestellt. Sie spiegeln zentrale Aspekte im Leben Martin Luthers mit Bezug auf die Inhalte dieses Kapitels wider.

3. Unterrichtsschritte

Vorbemerkung: Gemeinsame Planung und Unterrichtsgestaltung bieten sich im Religionsunterricht an vielen Stellen an. Bei der hier anstehenden kontrovers-theologischen Fragestellung ist ein konfessionsübergreifendes Unterrichten nahezu unverzichtbar.

a. Erkundung

Einstieg: Sch informieren sich mittels Internet/Stadtplan/ …, wo sich in ihrer Nähe eine Kirche der anderen Konfession finden lässt.

Erarbeitung: Besuch der ermittelten Kirche der anderen Konfession. Priester bzw. Pfarrer stellt den Sch die Kirche vor und erläutert deren Inneneinrichtung. Sch entdecken Bekanntes und Unbekanntes; sie halten ggf. einige markante Ausstattungsgegenstände in einem kleinen Protokoll fest.

Vertiefung: im Anschluss an den Unterrichtsgang: Wiederholung mit Klärung offener Fragen.

b. Wie es zur Trennung kam

Einstieg: Mit einem historischen Rückblick auf Martin Luther erfahren die Sch den Hintergrund, der zur Trennung der Kirche in die beiden großen Konfessionen geführt hat.

L zeigt Sch ein Bild von Martin Luther.

Erarbeitung: Sch erkundigen sich in Büchern, Internet, … nach Martin Luther und Lebensumständen der damaligen Zeit (v.a. nach Missständen und Ängsten: Menschen lebten häufig in Armut, harte Arbeit, viele Kriege und Unruhen, schlechte hygienische Bedingungen…). Die Sch nehmen wahr, dass das damalige Leben von anderen Ängsten und Missständen geprägt war als das heutige Leben.

Vertiefung: Sch sammeln auf einer vorbereiteten „Papierkirchentür“ an der Tafel auf der linken Türhälfte Ängste, die die Menschen und Martin Luther damals hatten (Krankheiten, Krieg, Feuer, grausame Gerichte, Gewitter). Ggf. können die genannten Stichworte durch Bilder oder Erzählbeispiele belegt werden, die die Sch in der *Erarbeitung* gesammelt haben. Neben der „Papierkirchentür“ werden Ängste gesammelt, die die Sch haben.

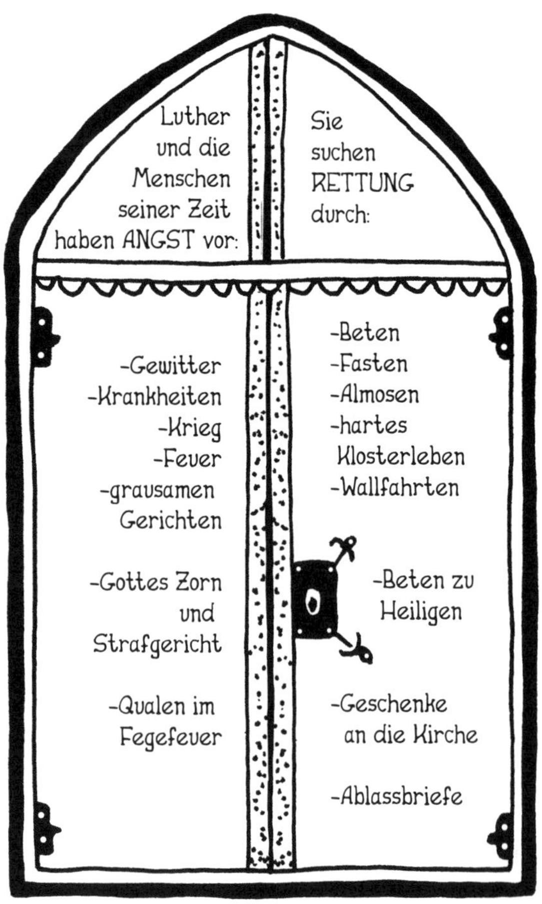

Erzählwerkstatt Szene 1 Luther im Kloster (1).

Erarbeitung: Sch ergänzen auf der linken „Papierkirchentür“ die Ängste, die die Menschen im Bezug auf Glaubensfragen haben.

Szenisches Spiel (2). Im anschließenden Gespräch wird die unterschiedliche Perspektive der Armen und Reichen erläutert.

Sch erarbeiten mit Hilfe des L im Gespräch Möglichkeiten, die die Menschen damals als Rettung vor ihren Ängsten ansahen (s. o.) und tragen diese auf der rechten Hälfte der „Papierkirchentür“ ein (Die Menschen suchten Rettung durch: Beten, Fasten, Almosen, hartes Klosterleben, Wallfahrten, Geschenke an die Kirche, Ablassbriefe). Dabei soll den Sch die Aussichts- und Hoffnungslosigkeit mancher der eingeschlagenen und angebotenen Wege bewusst gemacht werden, indem die Tür sichtbar durch einen breiten Papierriegel verschlossen wird. (Papierstreifen als Riegel waagerecht über beide Türen kleben, sodass beide Türhälften verschlossen sind und zugleich auch auf der linken Türhälfte die allgemeinen Ängste von den darunter stehenden Glaubensängsten getrennt sind.)

Sch übertragen das Tafelbild in ihr Heft und ergänzen es ggf.

Erzählwerkstatt Szene 2: Martin Luthers Entdeckung (1).

Bezug zwischen dem von Luther gefundenen Gottesbild des liebenden Gottes, der seine Liebe zu den Menschen nicht von deren guten Taten abhängig macht, sondern allein von deren Glauben, ähnlich der Liebe der Eltern zu ihren Kindern, die ihre Kinder auch dann lieben, wenn sie Fehler machen, herstellen. Sch machen sich hierzu Situationen aus dem eigenen Leben bewusst und berichten (wenn sie wollen) davon. Sch wird dabei bewusst, wie wichtig/befreiend das Bewusstsein ist, mit eigenen Fehlern und Problemen sich an andere wenden zu können (Bezug zu Eltern, die einen trotz begangener Fehler lieben/an die man sich mit seinen Problemen wenden kann).

Lied: Gott richtet uns (auf)! (3).
Hinweis: Den Sch kann das Lied in zwei Schritten gezeigt werden (auf Folie/an der Tafel): Im ersten Schritt ist das Wort „auf" noch verdeckt, sodass nur der Beginn der Strophe „Gott richtet uns …" für die Sch zu sehen ist. Als Betonung der Entdeckung Luthers wird in einem zweiten Schritt das Wort „auf" für die Sch sichtbar gemacht.

Vertiefung: Verdeutlichung der Kernaussage mit Hilfe der Stillarbeit nach (4/5) (Puzzle und Lösung).

Der Lösungssatz des Puzzles wird hinter der Papierkirchentür auf eine Tafel geschrieben. Der Riegel kann nun symbolisch entfernt und die Tür aufgeschnitten werden. Dahinter erscheint die Erkenntnis Luthers. Entsprechend dem Tafelbild schneiden die Sch ihr Puzzle aus, klappen die Türen zu und schreiben auf die geschlossenen Türen die Glaubensängste und die Rettungsversuche der Menschen damals.

Szenisches Spiel (2) kann ergänzt werden durch die Rolle Luthers und evtl. weitere Personen, denen Luther seine Entdeckung mitteilt.

Erzählwerkstatt Szene 3: Luther schlägt die 95 Thesen an (1).

L kann Erzählung dadurch unterstützen, dass er an der Tafel eine Papierrolle mit einer wichtigen Nachricht „annagelt". Darauf stehen einige Sätze zu Luthers Thesen, z. B. Lösungssatz des Puzzles (4).

Vertiefung: Sch überlegen, wie sie heutzutage wichtige Nachrichten mitteilen würden (Internet, E-Mail, Handy, Telefon, Fernsehen, Zeitung …) und werden sich bewusst, dass es diese Möglichkeiten damals noch nicht gab und ein öffentlicher Aushang (fast) die einzige Möglichkeit war, Nachrichten zu verbreiten. Sch überlegen, welche anderen Möglichkeiten es damals noch gab, eine wichtige Nachricht zu verbreiten.

Lied: Eine freudige Nachricht breitet sich aus (6).

Erzählwerkstatt Szene 4: Reaktionen auf Luthers Thesen (1).
Einschub (s. Textstelle): Sch tragen Argumente zusammen, die aus Luthers Sicht für und gegen den Widerruf sprechen. Die Argumente können an der Tafel gesammelt und gegenübergestellt werden.

Erzählwerkstatt Szene 5: Luthers Bibelübersetzung auf der Wartburg (1).
Festigung: Sch bearbeiten (7).

c. Wurzeln, die uns gemeinsam tragen

Einstieg: Sch tragen zusammen, was evangelische und katholische Christen im Sinne eines gemeinsamen Fundaments miteinander verbindet. Diese Stichworte werden in die „Wurzeln" eines vorbereiteten Plakates mit dem Motiv eines Baumes geklebt. Unterschiede werden in eine sich verästelnde Baumkrone geschrieben (z. B. Kommunion/Konfirmation; Reformationstag; Allerheiligen; Gottesdienst/Messe; Papst; Tabernakel; …). Eine mögliche Überschrift: „Wurzeln, die uns gemeinsam tragen". Sch berichten zu den einzelnen Begriffen, wenn vorhanden, eigene Erfahrungen.
Hinweise: in den Baum eingesetzte Begriffe, die den Sch nicht bekannt sind, müssen vom L erklärt werden.

Im Zusammenhang mit den gemeinsamen Wurzeln den Begriff „ökumenisch" einführen.

Erarbeitung: Sch werden sich bewusst, dass eine Person an zentraler Stelle im evangelischen und katholischen Religionsunterricht immer wieder vorkommt: Jesus. Sch finden das leitende Symbol für Jesus: das Kreuz. Dieses wird in stilisierter Form in die Mitte der Gemeinschaftsarbeit eingefügt.

Vertiefung: Sch lesen Text „Ein gemeinsamer Besuch in der Kirche“ mit verteilten Rollen (8). Schon bekannte Gemeinsamkeiten und Unterschiede werden aufgegriffen; neue Informationen zu Gemeinsamkeiten und Unterschieden werden herausgearbeitet und besprochen und anschließend an entsprechender Stelle in dem Baum-Plakat ergänzt.
Hinweis: Da ggf. nicht allen Sch das Kreuzzeichen bekannt ist, sollte dies bei der entsprechenden Textstelle besprochen werden.

Ergebnissicherung: Sch ordnen auf dem AB (9) die Begriffe nach „evangelisch“, „katholisch“ und „gemeinsam“.

d. Gemeinsames gestalten: Ökumene

Einstieg: L zeigt Sch ein Schiff als Symbol der Ökumene, Sch äußern sich dazu, sofern sie Kenntnisse oder Erfahrungen zur Ökumene haben, L gibt ergänzende Informationen zur Bedeutung der Ökumene (Übersetzung: bewohnter Erdkreis, die daraus resultierende gemeinsame Verantwortung der Menschen für die Erde, …).

Erarbeitung: Sch suchen in Partner-/Gruppenarbeit nach Informationen (Gemeindebriefe, Internet, …)/Möglichkeiten für gemeinsame Aufgaben und Möglichkeiten der Zusammenarbeit in der Ökumene (z. B. gemeinsame (Schul-)Gottesdienste, Bibelwochen, Freizeiten, Gebetswochen, Eine-Welt-Läden in gemeinsamer Trägerschaft, …); Sch falten Papierschiffe und schreiben darauf ihre Arbeitsergebnisse. Die gestalteten Schiffe können auf einem blauen Tonkarton befestigt und die Arbeitsergebnisse anschließend besprochen werden.
alternativ: Statt mit dem Schiff als Symbol der Ökumene kann mit dem Bild *Haus* gearbeitet werden (wohnen und leben in einem Haus). Die Arbeitsergebnisse können alternativ auf selbstgestaltete Häuser geschrieben werden. In diesem Zusammenhang kann ein Verweis zum Kapitel E. Kirche: „Ein Haus für viele“ erfolgen.

Möglicher Abschluss: Planung eines ökumenischen Schulgottesdienstes unter Berücksichtigung von Elementen und Ergebnissen aus der Einheit (vgl. *Schulgottesdienste mit Religionsunterricht praktisch*, Bd. 1, S. 99 f., 109 ff.).

Vorschlag für geeignete Lieder: Der Himmel geht über allen auf; Wo zwei oder drei; Gott hilft, Grenzen zu überwinden.

Erzählwerkstatt: Wie es zu der Trennung kam (a)

Einstimmung:
Martin Luther lebt als Mönch in einem Kloster. Er lebt, wie zu seiner Zeit viele Menschen, unter der ständigen Angst, sich Gottes Liebe durch gute Taten erarbeiten zu müssen bzw. für begangene Fehler im Fegefeuer büßen zu müssen. Er versucht, durch ein strenges, entbehrungsreiches Leben (harte Arbeit, einfache Mahlzeiten, kein eigener Besitz, schlichte Kleidung, Sprechverbot), viele Gebete und Studium der Bibel ein gottgefälliges Leben zu führen.

Szene 1: Luther im Kloster
Das Klosterleben ist streng. Luther möchte ganz für Gott da sein. Doch er hat Angst vor Gott und seinen Strafen, wie die meisten Menschen damals. Er gibt sich viel Mühe, Gott zu gefallen: Tag und Nacht liest er in der Bibel, stundenlang liegt er auf den Knien und betet, er schläft wenig und isst fast gar nichts, er betet viel zu den Heiligen.
Wie alle Leute damals denkt Martin Luther: Wenn ich sterbe, muss ich für meine Sünden im Fegefeuer büßen.
Manche Priester und Mönche nutzen die Angst der Menschen vor dem Fegefeuer aus. Sie malen ihnen Höllenqualen aus – und verkaufen ihnen Ablasszettel, und versprechen, dass so die Strafen gemildert oder ganz erlassen werden.

Szene 2: Martin Luthers Entdeckung
Martin Luther ist Professor für Theologie an der Universität. Er fragt sich immer wieder, wie Gott die Menschen für ihre Fehler so bestrafen kann und wie man so einen Gott lieben kann, ohne ihn zu fürchten. Luther findet die Antwort in der Bibel im Brief des Paulus an die Römer: „Der Mensch wird gerecht durch Glauben." Wenn der Mensch an Gott glaubt, sind ihm seine Sünden vergeben und er muss nicht im Fegefeuer dafür büßen. Der Mensch wird nicht wegen seiner guten Taten, die er vollbringt, von Gott geliebt, sondern weil er an Gott glaubt! Die Menschen brauchen nun keine Angst mehr vor einem Gott zu haben, der sie für ihre Fehler bestraft und sie im Fegefeuer schmoren lässt. Wichtig ist nur, dass man an Gott glaubt.

Szene 3: Luther schlägt die 95 Thesen an
Martin Luther will seine Entdeckung möglichst schnell vielen Menschen mitteilen. Er schreibt seine Entdeckung in 95 Thesen auf und nagelt seine Botschaft an die Tür der Kirche in Wittenberg.
Luthers Entdeckung und seine Thesen lösen heftige Reaktionen aus, viele sind erleichtert, dass aus dem strafenden Gott ein liebender Gott wird, die Angst vor dem Fegefeuer und das Kaufen von Ablassbriefen sind nicht mehr nötig. Andere, vor allem die Bischöfe und der Papst, lehnen Luthers Thesen ab. Dennoch breiten sich Luthers Thesen sehr schnell unter der Bevölkerung aus.

Erzählwerkstatt: Wie es zu der Trennung kam (b)

Szene 4: Reaktionen auf Luthers Thesen
Der Papst und viele Bischöfe wollen, dass Luther seine Thesen zurücknimmt. Sonst drohen ihm die Verbannung aus der Kirche, sodass er noch nicht einmal mehr einen Gottesdienst besuchen könnte und der Verlust seiner Aufgaben als Mönch, Priester und Professor an der Universität. Aber wenn er seine Thesen widerrufen würde, müsste er auch auch seine Entdeckung, dass Gott den Menschen ihre Fehler vergibt, weil er sie liebt und sie an ihn glauben, zurücknehmen.

(Einschub)

Luther hält an seinen Thesen fest, er ist überzeugt, dass er mit seiner Entdeckung Recht hat. Der Papst und jetzt sogar auch der Kaiser belegen Luther zur Strafe mit Acht und Bann: Er wird aus der Gemeinschaft ausgestoßen. Keiner soll mehr Kontakt zu ihm haben! Er verliert all seinen Besitz. Seine Thesen dürfen nicht mehr gelesen und verbreitet werden. Martin Luther ist in Gefahr, da er sich nicht gegen seine Gegner wehren kann.

Szene 5: Luthers Bibelübersetzung auf der Wartburg
Martin Luther versteckt sich bei einem Fürsten, der glaubt, dass Luther mit seinen Thesen Recht hat, auf dessen Burg: der Wartburg. Luther hat immer noch den Wunsch, dass die Menschen von seiner Entdeckung, die er in der Bibel gefunden hat, erfahren und selbst die frohe Botschaft in der Bibel nachlesen können. Aber das können viele Menschen nicht, da die Bibel nur in lateinischer und griechischer Sprache geschrieben ist. Daher übersetzt Luther die Bibel ins Deutsche.
Martin Luther gewinnt Anhänger, die an seine Thesen glauben. Auf Basis von Martin Luthers Thesen entsteht im Laufe der Zeit die evangelische Kirche.

Szenisches Spiel: Tetzel verkauft Ablassbriefe

Ihr braucht drei Mitspieler: Tetzel – Armer Mann – Reicher Mann.

Was sagen die drei Personen wohl in der jeweiligen Situation?

Überlegt euch passende Verkleidungen für die drei Personen und spielt die Szene euren Mitschülern vor!

Tetzel: Er teilt den Leuten mit, dass sie alle schwere Fehler und Sünden begangen haben und droht ihnen dafür schwere Strafen von Gott an, z. B. viele, viele Jahre im Fegefeuer zu schmoren.

Reicher: Er möchte wissen, wie er Gott besänftigen kann, um nicht von ihm bestraft zu werden. Er fürchtet sich vor den Strafen, denn er hat viele Fehler begangen, sein ganzes Geld hat er durch Betrügereien ergaunert.

Tetzel: Er erklärt dem Reichen: Je mehr Geld er bezahlt, desto geringer wird seine Strafe sein.

Reicher: Er ist sehr erleichtert, dass er durch das Kaufen der Ablassbriefe seiner drohenden Strafe im Fegefeuer entgehen kann. Schnell bezahlt er Tetzel den geforderten Geldbetrag. Er ist erleichtert, dass ihm jetzt alle Sünden erlassen sind.

Tetzel: Er verkauft weiter seine Ablassbriefe und ruft den Leuten laut zu:

„Wenn das Geld im Kasten klingt,
die Seele aus dem Fegefeuer in den
Himmel springt!"

Armer: Er hat kein Geld, es reicht noch nicht einmal, um seinen Kindern Essen zu kaufen. Er hat aber auch große Angst vor der Strafe Gottes, denn erst vor ein paar Tagen hat er beim Bäcker für seine Kinder ein Brot gestohlen, weil er kein Geld hatte. Verzweifelt überlegt er, ob Gott ihm seine Fehler auch verzeiht, wenn er Buße tut und sich zur Strafe auspeitscht. Er hat einfach kein Geld, um Ablassbriefe zu kaufen.

Tetzel: Er macht dem Armen deutlich, dass ihm seine Fehler nur durch den Kauf von Ablassbriefen vergeben werden können und er sich nur so vor dem Fegefeuer retten kann.

Armer: Er ist sehr verzweifelt, denn er weiß wirklich nicht, woher er das Geld für die Ablassbriefe auftreiben soll. Er hat keine Hoffnung mehr, dass Gott ihm jetzt noch verzeiht.

nach A. B./E. K.

Lied: Gott richtet uns (auf)!

(Kanon für 2-4 Stimmen)

Text und Musik: Siegfried Macht

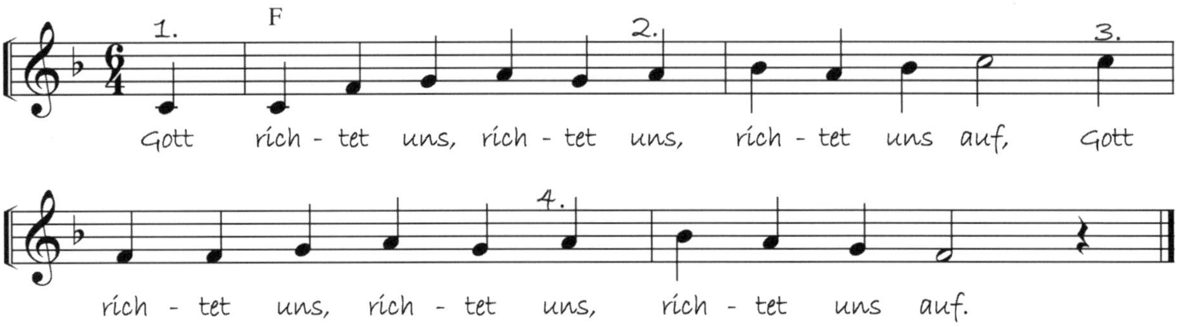

Bewegungen zum Lied:

Zu Beginn des Liedes: Alle sitzen oder knien, gebeugt und gekrümmt.	So fühlten sich die Menschen zur Zeit Luthers.
Alle stehen auf.	Luthers Entdeckung richtet alle auf.

Martin Luthers Entdeckung

Martin Luthers Entdeckung (Lösung)

Lied: Eine freudige Nachricht breitet sich aus

Text und Melodie: M. G. Schneider

2. Erst war die Nachricht noch wie versteckt. Drei oder vier, die haben's entdeckt und haben die Nachbarn aufgeschreckt. Eine freudige Nachricht …

3. Türen und Fenster rissen sie auf, schrien's die Straßen hinunter, hinauf. Und so nahm die Freude ihren Lauf. Ein freudige Nachricht …

4. Einer fragt den andern: „Du! Hast du's gehört? Was sagst du dazu?" Und Hunderte, Tausende wussten's im Nu. Eine freudige Nachricht …

5. Alle kamen, alt, jung, klein und groß, Erwachsene, Kinder und freuten sich bloß. Der Großvater sagte: „Was ist heute los?" Eine freudige Nachricht …

6. Das war ein Singen und Fröhlichsein, ein Klatschen und Tanzen und Ringelrein, und jeder fiel in den Jubel ein. Eine freudige Nachricht …

7. Und wer es hörte, irgendwann, die Nachricht, die viele Menschen gewann, für den fing ein neues Leben an. Eine freudige Nachricht …

Stationen in Martin Luthers Leben

Zeichne die Stationen in Luthers Lebensweg nach!

Schreibe zu den einzelnen Stationen in Luthers Leben auf, was sich ereignet hat!

1. Station:

____

2. Station:

____

3. Station:

____

4. Station:

____

8 Ein gemeinsamer Besuch in der Kirche

Jana und Lea gehen in dieselbe Klasse. In der Schule haben sie überlegt, warum sie nicht gemeinsam Religionsunterricht haben. Jana geht zum evangelischen Religionsunterricht, Lea zum katholischen. Die beiden Mädchen wollen genauer wissen, was für Unterschiede es gibt. Deshalb nimmt Jana Lea an diesem Sonntag mit in den Gottesdienst.

Die beiden Mädchen betreten die Kirche. Dabei fällt Lea auf, dass etwas fehlt: In ihrer Kirche hängt am Eingang ein Schale mit Wasser. „Manche Leute, die in eine katholische Kirche gehen, tauchen mit den Fingern in das Wasser und bekreuzigen sich dann." Lea macht Jana die Bewegung vor: Sie bewegt ihre rechte Hand von der Stirn runter zur Brust und dann von der linken Schulter zur rechten Schulter und spricht dabei leise: „Im Namen des Vaters und des Sohnes und des Heiligen Geistes". Jana hat die Bewegung beobachtet: „Das sah aus wie ein Kreuz." „Ja, es soll an Jesus Christus erinnern", erklärt Lea.

Als der Gottesdienst beginnt, wird die Gemeinde von der Pfarrerin begrüßt. Für Lea ist das ungewohnt. „Bei uns können nur Männer Pfarrer werden", flüstert sie Jana zu.

Während des Gottesdienstes gibt es für Lea gar nicht so viel Neues zu entdecken. Viele Inhalte des evangelischen Gottesdienstes sind genau so, wie sie es aus ihrer Kirche kennt. Bei den Liedern, die gesungen werden, braucht sie zum Beispiel gar nicht in das Liederbuch zu gucken, die kennt sie schon aus dem katholischen Gottesdienst.

Dann wird das Glaubenbekenntnis gebetet. Auch das kennt Lea schon. Sie betet es mit: „Ich glaube an den Heiligen Geist, die heilige katholische Kirche ...". Jana betet: „Ich glaube an den Heiligen Geist, die heilige christliche Kirche ...".

Nach dem Gottesdienst schaut Lea sich noch ein wenig in der Kirche um. Dabei fällt ihr etwas auf. „Was suchst du denn?", fragt Jana ihre Freundin. In unserer Kirche hängt neben dem Altar ein dunkelrotes Lämpchen. Wir nennen es das Ewige Licht. Im Altarraum gibt es bei uns auch noch ein kleines Schränkchen, den Tabernakel. Wenn sich gesegnetes Brot und Wein für das Abendmahl im Tabernakel befinden, dann wird das Ewige Licht angezündet. So wissen wir, dass das Schränkchen nicht leer ist."

Als die beiden Mädchen nach dem Gottesdienst draußen vor der Kirche stehen sagt Lea: „So groß ist der Unterschied zu einem katholischen Gottesdienst gar nicht gewesen. Ein paar Dinge sind anders, aber vieles kannte ich schon aus unserer Kirche." Und Jana ergänzt: „Beim nächsten Mal möchte ich mit in deine Kirche kommen. Mal sehen, was mir dort auffällt."

Was ist evangelisch, was katholisch, was gemeinsam?

Schreibe die Begriffe an die richtige Stelle im Baum! In die Wurzeln, was gemeinsam ist, in die linke Seite der Baumkrone was evangelisch ist und rechts was katholisch ist!

Gottesdienst – Papst – Kirchenlieder – 10 Gebote – Jesus – Glaubensbekenntnis – Kreuzzeichen – Reformation – Pastorin – Vaterunser – Tabernakel – Martin Luther

G Pfingsten: Gottes Geist wirkt unter uns

1. Theologische und didaktische Aspekte

Pfingsten ist neben Ostern und Weihnachten das dritte kirchliche Hochfest. Seit dem 4. Jahrhundert wird es am 7. Sonntag nach Ostern als eigenständiges Fest der Sendung des Geistes und Geburtsdatum der christlichen Kirche (Apg 2) gefeiert. Im öffentlichen und religiösen Bewusstsein ist Pfingsten eher geringwertig angesiedelt, der „3. Artikel" ist lange Zeit theologisches Stiefkind gewesen.

Nur eine Minderheit kennt die religiösen Wurzeln und den spezifischen Sinngehalt des Pfingstfestes.

Das christliche Pfingstfest fällt – sieben Wochen nach Passa (vgl. Lev 23,15 ff.; Dtn 16,9–12) mit „Schavuot" („Wochenfest"), dem jüdischen Wallfahrtsfest, zusammen, das inhaltlich zweifach besetzt ist. Es ist

- Erntefest (Fest der Darbringung der Erstlingsfrüchte im Tempel) *und* (seit dem Exil)
- Erinnerung an den Sinaibund.

Da dieses Fest am „fünfzigsten Tag" nach Passa gefeiert wird, heißt es im hellenistisch-jüdischen Sprachbereich „Pentekostä" (sc. hämera) = der „fünfzigste" (Tag – nach Passa, im christlichen Sprachgebrauch: nach Ostern). Über mhd. „pfingesten" wurde der Begriff dann eingedeutscht. Die junge christliche Gemeinde belegt das jüdische Pfingstfest neu, indem sie es als Fest der Geistesgegenwart feiert. Schon alttestamentliche Traditionen sprechen vom Geist bzw. Geist Gottes:

- Am Anfang der Schöpfung (Gen 1,2) schwebt Gottes Geist „auf dem Wasser". Als Ursprung und Träger des Lebens erfüllt er die Leere und belebt er das Nichts; er ordnet das Chaos und bringt Licht in die Finsternis.
- Er kommt über bzw. ist in Menschen (Josef: Gen 41,38; Saul: 1 Sam 10,6.10; David: 1 Sam 16,13) und verwandelt sie von Grund auf (10,6), kann sich aber auch wieder entziehen (16,14 u. ö.).
- Für die Propheten wird Geistbesitz zum Ausweis göttlicher Vollmacht (Jes 61,1 ff. u. ö.).
- Joel kündigt eine Zeit an, in der Gott seinen Geist „über alles Fleisch" ausgießen wird (Joel 3,1).
- Er wird auf dem Messias der Endzeit ruhen (Jes 11,2) und sich in Klugheit und Einsicht, Stärke und Gottesfurcht manifestieren (vgl. 42,1; 61,1). Das NT zieht die angedeuteten Linien weiter und akzentuiert christologisch:
- Markus verbindet die Taufe Jesu mit dem Geistempfang (Mk 1,10).
- Die „von allen guten Geistern Verlassenen" erfahren in Jesu Nähe die heilenden Kräfte seines guten Geistes (Mk 5,1 ff. par; 9,14 ff. par; Mt 9,32 ff. par u. ö.); an ihm scheiden sich die Geister.
- Gottes Leben stiftender Geist erweckt den gekreuzigten Christus zu neuem, unvergänglichem Leben.

- Die frühen Christen entdecken die verbindende Kraft des Geistes: Sie teilen Brot und Besitz miteinander, auch Freude und Leid (Apg 2,42 ff.).

Versucht man eine Systematisierung dieses Bedeutungsspektrums, so ergeben sich folgende Tendenzen: Geist/Hl. Geist hat zu tun mit Verwandlung, Bewegung, Erneuerung, Zuwachs an Energien und Gewinn an Lebensmöglichkeiten, neuem Wind, Zukunftsvisionen, authentischem und unverwechselbarem Leben sowie Unverfügbarkeit.

Das alles schwingt mit, wenn Apg 2 von der Ausgießung des Hl. Geistes spricht. Die lukanische Pfingstgeschichte verstärkt und bündelt die Aussagetendenz durch Rückgriff auf Bilder, die deutlich alttestamentliches Kolorit tragen: *Wind und Feuer* als sinnliche, hör- und sichtbare Zeichen für Gottes Gegenwart, „begreifliche" Symbole für den „un-begreiflichen" Gott! *Wind:* in der hebräischen Sprache synonym gebraucht mit „Atem", „Hauch", „Geist", „Seele", „Leben", ist dem Geist ähnlich, unsichtbar, nur an seinen Wirkungen zu erkennen. „Da machte Gott den Menschen aus Erde und blies ihm den Odem des Lebens in seine Nase. Und so ward der Mensch ein lebendiges Wesen" (Gen 2,7).

Theophanien sind im AT häufig mit Wind und Wettersturm verbunden: Hesekiels Gottesvision kündigt sich durch Sturmwind (Hes 1,4) und Feuer an. – Auf Hiobs Klage antwortet Jahwe „aus dem Wettersturm" (Hi 38,1). – Bei Hesekiel wird der Wind zum Sinnbild göttlichen Lebensodems, der die Totengebeine zu neuem Leben erweckt (Hes 37,5 ff.).

Feuer: Auch hier finden sich in Verbindung mit Gotteserscheinungen. Analogien im AT: Mose am „brennenden Dornbusch" (Ex 3,2). – Gott zieht in der „Feuersäule" vor dem Volk durch die Wüste (Ex 14,20.24). – Feuer begleitet auch die Gotteserscheinung am Sinai: „Der ganze Berg Sinai aber rauchte, weil der Herr auf den Berg herabfuhr im Feuer" (Ex 19,18).

Die „Feuerzungen" in Apg 2 zeigen an, was sie geben: als Zungen die Sprache als Mittel der Verkündigung und ökumenischen Verständigung. Darin sind sie Gegentypus zur babylonischen Sprachverwirrung (Gen 11); als *Flammen* geben sie Licht und Wärme und sich verzehrende Liebe.

Bringt das Bild vom Sturm und Brausen zum Ausdruck, dass „das ganze Haus" erfüllt ist, so veranschaulichen die sich zerteilenden Feuerzungen: Jeder Einzelne wird mit dem Hl. Geist erfüllt. Die Wirkung des Geistempfangs ist das „Predigen in anderen Sprachen" (Apg 2,4). Dies meint wohl ursprünglich ein „geistbegabtes (für Außenstehende unverständliches) Zungenreden" („Glossolalie"), das Lukas jedoch so umarbeitet, dass daraus ein Reden „in fremden Sprachen" wird (vgl. V. 6).

- Im Pfingstwunder vollzieht sich nicht nur die Einlösung der Verheißung des Auferstandenen an den engeren Jüngerkreis: „Ihr werdet die Kraft des heiligen Geistes empfangen … und werdet meine Zeugen sein … bis an das Ende der Erde" (Apg 1,8); vielmehr lässt das Gotteslob in den Sprachen der Völker bereits die beginnende Weltmission und das Motiv der Kirche aus allen Völkern anklingen. Gottes Leben und Gemeinschaft stiftender Geist
- verwandelt geistlose Verhältnisse
- heilt zerbrochene Gemeinschaft
- lässt Menschen eine neue Sprache miteinander finden
- erfüllt eine erschöpfte Schöpfung mit neuem Atem
- entfacht ausgebrannte Träume zu neuer Glut.

Zusammengefasst: „Gottes Geist befreit zum Leben" (Losung des 24. Deutschen Evangelischen Kirchentages).

Der hohe Anspruch und theologische Gehalt des Gegenstandes „Pfingsten" steht in deutlichem Gegensatz zur kaum ausgeprägten Fest- und Feierkultur.

Eine Umsetzung kann am ehesten gelingen, wenn man mit den Sch pfingstliche Motive in Alltagssituationen identifiziert und entschlüsselt, d.h. den Wirkungen von Gottes Kraft im Leben von Menschen bzw. der inspirierenden Kraft des Geistes in Kirchen nachspürt, die aus dem Geist Jesu leb(t)en und handel(te)n.

Links zu den Stichworten „Pfingsten/Heiliger Geist“:
www.pfingsten-info.de
http://www.pfingsten.de
www.religioeses-brauchtum.de/sommer/pfingsten.html
www.kirchen-nacht.de

2. Kompetenzen und Ziele

Die Schülerinnen und Schüler …
- kennen Pfingsten als drittes kirchliches Hochfest und Geschenk des heiligen Geistes (Sachkompetenz)
- sehen den Heiligen Geist als Kraft Gottes, die Menschen in der Nachfolge Jesu belebt, verwandelt und erneuert (Sachkompetenz, Abstraktionsfähigkeit)
- deuten „Feuer“ und „Wind“ im Kontext der Pfingstgeschichte in ihrer Metaphorik (Deutekompetenz)
- nehmen in Alltagssituationen Wirkungen des Geistes wahr (soziale Kompetenz)

3. Unterrichtsschritte

a. Spuren von Gottes Geist heute

Einstieg: Sch betrachten Bild mit „pfingstlicher Situation (1): Kinder der ganzen Welt sind miteinander verbunden und freuen sich gemeinsam.

Erarbeitung: Sch erarbeiten als gemeinsame Momente: Fröhlichkeit, Gemeinschaft, Offenheit, Hilfe, Lebendigkeit …

Sch ermitteln (ggf. im Rückgriff auf Jesusgeschichten, z.B. Zachäus, Bartimäus, Lk 24, …) mit L-Hilfe, dass Christen Gottes Geist als verändernde Kraft wirksam sehen, die Mut macht, Hoffnung stiftet, Versöhnung ermöglicht.

Sch arbeiten heraus, dass Gott/Gottes Geist selbst nicht sichtbar ist (wie Wind/Luft oder Elektrizität), wohl aber an den Spuren erkennbar wird, die er im Leben von Menschen hinterlässt (2).

Sch spüren nach/überlegen (bei windigem Wetter im Freien, ansonsten in der Klasse), was Wind alles bewirkt und wie er zu spüren ist: beim Atmen, er streicht über das Gesicht, er weht durch die Haare, er bewegt Blätter, Zweige, Blumen, er treibt die Wolken an; er lässt Drachen fliegen, treibt Windmühlen an, bewegt Segelschiffe/Surfbretter, er knickt aber auch Äste/Bäume ab und kann Häuser abdecken.

Sch halten ihre gesammelten Ideen auf AB fest (3).

Wirkungen des Winds lassen sich im Klassenraum z.B. mit Watte, Seifenblasen, Luftballons, Federn, … nachempfinden.

Langzeitaufgabe: Sch sammeln aus Internet, Zeitschriften, … Bilder und Berichte, die von Neuanfängen/vom Überwinden von (Sprach-) Grenzen/von neuer Gemeinschaft/von Menschen berichten, die im Geiste Jesu leben und handeln, auch von den vielen „Geistesblitzen“, die alle zwei Jahre in der Nacht der offenen Kirche von der inspirierenden Kraft des Geistes zeugen.

Lied: Gottes Geist kommt oft ganz leise (4).

b. Das erste Pfingstfest

Einstieg: Sch erhalten den Text „Zum Pfingstfest in Jerusalem“; Text kann laut in der Klasse von wechselnden Sch vorgetragen werden (5).

Erarbeitung: L lenkt Aufmerksamkeit der Sch darauf, wie der Geist in diesem Text umschrieben wird (Wind und Feuer), erarbeitete Assoziationen zu Wind können nochmals aufgegriffen werden.

L gestaltet im Stuhlkreis mit bunten Tüchern in „Feuerfarben“ (verschiedene Rot-, Gelb-, Orangetöne) ein „Lagerfeuer“; Sch tragen Wirkungen von Feuer und eigene Erfahrungen mit Feuer zusammen: Feuer brennt, leuchtet, wärmt, lodert, verbrennt, knistert, entzündet, kann sich schnell ausbreiten, zerstört, schafft Gemeinschaft (am Lagerfeuer), macht es gemütlich, ist lebendig.

Sch sammeln an der Tafel unter der Überschrift: „Der heilige Geist kommt über die Jünger“ getrennt in zwei Spalten, wie sich die Jünger verhalten, bevor und nachdem Gottes Geist über sie gekommen ist. Sch arbeiten heraus, dass Gottes Geist den Jüngern Kraft und Mut gibt (Kraft erfüllt sie, Angst ist wie weggeblasen, flammende Begeisterung).

c. Pfingsten – Die Kirche hat Geburtstag

Einstieg: L stellt Kirchenmodell aus Pappschachteln (s. Kapitel E. Kirche: ein Haus für viele, Abschnitt b.) auf den Geburtstagstisch der Klasse und zündet eine Geburtstagskerze an.
alternativ: Wird in der Klasse kein Geburtstagsritual mit Geburtstagstisch und Geburtstagskerze angewandt, kann das Kirchenmodell, versehen mit einer Geburtstagsschleife, in den Stuhlkreis gestellt werden. Sch stellen Vermutungen an, warum es sich heute/an Pfingsten um den Geburtstag der Kirche handelt. Unterstützung durch den L: Verweis auf Geschichte „Zum Pfingstfest in Jerusalem“ (5), L wiederholt mit Sch die Wirkung von Gottes Geist, der über die Jünger kam (gibt Kraft, Mut, Freude, Begeisterung, ...); L betont den Wunsch der Jünger, den Menschen von Gottes Geist und Botschaft zu erzählen, sodass sich der Geist Gottes ausbreiten und weiterentwickeln kann: Alle Menschen, die diese frohe Nachricht hören und spüren, sind zusammen in einer Gemeinschaft, der Kirche, vereint.

Lied mit Spielgeschichte: Unsre Kirche hat heute Geburtstag (6).

Erarbeitung: Sch überlegenen in Partner-/Gruppenarbeit, wo sie Gottes Geist heute/für sich selbst spüren.

Gottes guter Geist kommt über die Menschen und
... macht Traurige wieder froh
... bringt frischen Wind
... macht Teilen/Abgeben leicht
... überwindet Trennung und stiftet Gemeinschaft
... schließt niemanden aus
... öffnet Augen und Herzen
... kann Feinde zu Freunden werden lassen
... macht Ängstlichen Mut.

Die vorstehenden Impulse dienen als Hilfe und sollen mit selbst gewählten Methoden dargestellt werden: Sch entscheiden, ob sie zu der jeweiligen Aufgabe
- ein Bild malen oder
- eine Geschichte schreiben oder
- sich eine Spielszene/eine Pantomime ausdenken oder
- eine Klangcollage entwerfen oder ...

Die Ergebnisse werden anschließend vorgestellt und besprochen.

Als Hausaufgabe/Vorbereitung auf das Geburtstagsfest der Kirche überlegen die Sch, wie dieser besondere Geburtstag gefeiert werden kann: z. B. für einen Mit-Sch eine Geburtstags-/Pfingst-Wunsch-Karte (Postkarte) entwerfen mit z. B. folgendem Inhalt:

- Liebe(r) …
- „Ich wünsche dir Gottes guten Geist, wenn du traurig bist,
- wenn du …

Die Karte kann noch mit (pfingstlichen) Symbolen verschönert werden: (Geburtstags-) Kerze, Feuer, Taube, Menschenkreis mit Alten und Jungen.

d. Ein besonderes Geburtstagsfest: Die Kirche hat Geburtstag

Vorbereitung: Den Raum mit den gestalteten Unterrichtsergebnissen schmücken (Bilder, Plakate, Bodenbilder, allgemeine Dekorationsmaterialien).

Verlauf:
- an Hand der Ergebnisse der Einheit machen sich die Sch noch einmal die Besonderheit des Pfingstfestes als Geburtstag der Kirche bewusst (6)
- ggf. Einbeziehung eines weiteren Pfingstbildes (z. B. (7)
- Sch überreichen sich als Geschenke auf der Geburtstagsfeier der Kirche die vorbereiteten Geburtstags-/Pfingst-Wunsch-Karten
- Sch sprechen ein Dankgebet (8).

Pfingsten: Spuren von Gottes Geist heute

„Spuren im Sand“

Der alte Mann aus Afrika hieß Daniel. Er glaubte an Gott.
Jemand wollte sich über ihn lustig machen. Er sagte:
„Woher weißt du, dass es einen Gott gibt?“
Daniel antwortete: „Woher weiß ich, ob ein Mensch oder ein Huhn oder ein Esel nachts um meine Hütte gegangen ist? An den Spuren im Sand sehe ich es: Auch in meinem Leben sind Spuren eingedrückt, die Spuren Gottes.“

(unbekannt, aus Afrika)

Gottes Geist – ein frischer Wind weht

Was Wind alles kann

Wie kann ich Wind spüren?

Er bläst mir ins Gesicht.

Was kann Wind alles bewirken?

Er treibt Windräder an.

Lied: Gottes Geist kommt oft ganz leise

Text: und Musik: Andreas Ebert

aus: Das Kindergesangbuch. Hrsg. von Andreas Ebert u. a., © Claudius Verlag, München

Ideen zur Gestaltung des Liedes :

An Pfingsten haben viele Menschen von der frohen Botschaft Gottes gesprochen und sie an andere Menschen weitergegeben. Singt das Lied im Kanon, sodass viele verschiedene Stimmen zu hören sind, die von Gottes gutem Geist berichten.

Die gute Nachricht kann nicht nur gesungen werden. Begleitet das Lied mit Instrumenten, z. B. einem Stabspiel.

Das Lied muss nicht unbedingt gesungen werden. Versucht, den Liedtext zu sprechen. Hört dabei in den Text, wie könnt ihr eure Stimme dem Text anpassen?

Gottes Geist kommt oft ganz leise: zart und sanft …

… doch er hat noch eine zweite Weise: heiß und stürmisch …

Wählt abwechselnd einen Mitschüler aus, der als Dirigent vorgibt, wie ihr das Lied singen sollt (laut, leise, …).

Zum Pfingstfest in Jerusalem

In Jerusalems Straßen drängen sich die Menschen: Dunkelhäutige aus Nordafrika und hochgewachsene Ägypter, arabische Gewürzhändler und elegant gekleidete Leute aus der fernen Hauptstadt Rom. Sie sprechen verschiedene Sprachen, doch sie alle sind Juden und wollen in der Davidsstadt Pfingsten feiern, das alte Erntefest, und sich des Bundes vom Sinai erinnern.

Auch Petrus, Jakobus und die anderen Jesus-Jünger sind unter den Festpilgern. Mit gemischten Gefühlen sind sie nach Jerusalem zurückgekehrt. Hier ist ihr Herr am Kreuz gestorben. Doch sie wissen auch: Gott hat ihn auferweckt – ihr Herr lebt!

Noch haben die Männer aus Galiläa Angst. Sie finden keinen Mut, sich unter die Festpilger zu mischen und von Jesus zu erzählen. Sie schließen sich im Haus ein. Sie verrammeln Türen und Fenster. Sie bitten Gott um Kraft. Sie beten um Gottes guten Geist.

Plötzlich bewegt sich etwas in ihren furchtsamen Herzen. Wie ein Sturmwind, wie ein Feuer kommt es über die Jünger – ihre Herzen brennen! Eine Kraft, die nicht aus ihnen selber kommt, erfüllt sie, erfüllt das ganze Haus! Ihre Angst ist wie weggeblasen. Ein neuer Geist ist in ihnen – Gottes guter Geist! Flammende Begeisterung hat sie erfasst. Herzen öffnen sich, Türen öffnen sich, ihre Zungen lösen sich – sie können nicht mehr schweigen. Sie drängen nach draußen. Sie gehen unter die Leute. Sie sind ohne Furcht. Alle sollen die gute Botschaft des Lebens erfahren, sollen hören, wie sich durch Jesus ihr Leben verändert hat. Die vorher ängstlichen und im Reden ungeübten Fischer und Handwerker beginnen zu erzählen. Wie mit feurigen Zungen reden sie vor den Festpilgern von den großen Taten Gottes.

Die Begeisterung der Jünger springt auf die Fremden über – wie ein Funke. Sie verstehen die Jünger. Jeder fühlt sich angesprochen. Sie spüren in ihren Herzen die Botschaft von Gottes wärmender Liebe – auch ohne Sprache! Und sie verstehen einander. Wie ein Lauffeuer, wie ein Windstoß verbreitet sich der neue Geist in Jerusalem – in Windeseile. Viele lassen sich an diesem Pfingstfest taufen. Sie wollen zu Jesus und seiner Gemeinde gehören.

(H. F.)

Lied: Unsre Kirche hat Geburtstag

Text und Musik: Siegfried Macht

aus: Macht, Siegfried. Kleine Leute - große Töne. Mit Kindern singen, spielen, musizieren. Werkbuch mit CD. Strube Verlag, München 2005

Spielgeschichte zum Lied:

Wir stehen mit dem Rücken zur Mitte. Wir haben Angst vor den Menschen um uns – so wie die Freunde und Freundinnen von Jesus, nachdem er gekreuzigt wurde. Manche werfen mit Steinen nach uns… Vielleicht sind auch unter uns Verräter…
Aber heute ist ein großes Fest in Jerusalem und auch wir haben uns in einem Saal versammelt. Petrus führt uns immer enger zusammen, damit alle hineinpassen. Alle müssen dazu die Nachbarn fassen und wir bilden eine lange Kreiskette, die nicht abreißt. Alle wollen wissen, was passiert ist. Nur Petrus lässt seinen rechten Nachbarn los und geht mit ruhigen Schritten immer weiter, immer enger wird es, wie in einer Spirale … Manche unter uns erzählen, Jesus wäre auferstanden – aber andere können es nicht glauben. Viele haben immer noch Angst. Draußen feiern die anderen, hoffentlich tun sie uns nichts. Warum verstecken wir uns eigentlich? Wenn Jesus auferstanden ist – warum führt uns Petrus dann so eng zusammen, dass einem Angst und Bange werden kann …?
Plötzlich ist alles anders. Petrus hat die Richtung gewechselt. Er ist umgekehrt. Er läuft zwischen den anderen hinaus und alle folgen ihm. Keiner lässt los. Petrus reißt uns mit. Er geht jetzt doppelt so schnell wie vorher. (Aber er macht dabei kleine Schritte, damit alle mitkommen). Der ist jetzt vielleicht mutig, reißt die Türen auf, geht raus und erzählt allen von Jesus – keiner versteckt sich mehr. Bald stehen wir wieder im Kreis – aber: Alle gucken sich an und singen: Unsre Kirche hat Geburtstag. Heute ist wirklich etwas Neues geboren. Jetzt ist es auch für uns ein Feiertag.

7 Hilde Chisté, Komm herab, o heiliger Geist

© Hilde Chisté, Komm herab , o heiliger Geist

Hinweis

Die Ausdruckskraft des Bildes wird durch seine farbige Gestaltung deutlich gesteigert.

8 Dankgebet

„Gottes Geist ist wie ein Band.
Komm, wir reichen uns die Hand
zur Gemeinschaft. – Das tut gut:
Geist der Treue, mach uns Mut."

(R. Bäcker)

5 Religionen

Vorab
Interreligiösität

Drei Boote haben sich auf hoher See getroffen. Sie haben unterschiedliche Farben und kommen aus unterschiedlichen Richtungen. Sie wenden sich einander zu und verbinden ihre Bordkanten miteinander und erlauben eine Begegnung. Die Mannschaften können sich nun austauschen. Das Treffen wird nur für eine Weile sein, dann geht die Fahrt weiter. Die Boote haben ihr eigenes Ziel. Doch bleibt es noch lange Gesprächsstoff der Mannschaften, wie sie sich begegnet sind, was die anderen gesagt haben, wie Worte und einzelne Waren von hüben nach drüben gewechselt sind. Im je eigenen Heimathafen erzählen die Mannschaften von ihren Erfahrungen.

Diese Allegorie von Lehramtsstudierenden soll deutlich machen, dass es im Religionsdialog nicht darum geht, die anderen zu sich zu ziehen oder sich hinüberziehen zu lassen. Es geht um Austausch über Brücken des Gesprächs. So ist es auch für den Unterricht in der Schule mit anderen Religionen und über andere Religionen sinnvoll: Es geht nicht darum, einen gemeinsamen Minimalkonsens zu zimmern, sondern vielmehr darum, einen Begriff von anderen religiösen Menschen zu bekommen, sich kennenzulernen, Unterschiede und Andersartigkeiten zu erkennen, nicht um sich abzugrenzen oder anzupassen, sondern um Religion durch Menschen zu erleben, mehr über die Boote der Religionen zu erfahren.

Reden über andere Religionen im RU ist heute Kontakt mit authentischen Personen über Grenzen hinweg. Wir fangen bewusst früh damit an – und folglich ganz elementar. Dabei beachten wir folgende didaktisch-religionspädagogischen Regeln:

Religion in ihrer Praxis und Lebenskraft ist das primäre Thema des Religionsunterrichts. Ein kleines Fenster zur Religion wird geöffnet, ein Ausschnitt, um in die Tiefe zu gehen und genau hinzusehen. Es geht um ein erstes Kennenlernen, dem andere folgen.

Ausgeübte Religion und ihre Zeugnisse brauchen Aufmerksamkeit und Geduld – zum Hinhören, Riechen, Schmecken, Sehen und Fühlen.

Das Fremde ist anders und darf anders bleiben. Eine fremde Geschichte, ein fremdes Ritual, ein fremdes Bild, sie alle haben ihren eigenen Ort. Hier wird nichts „gleichgemacht“, sondern es steht je für sich nebeneinander.

Im Nebeneinander lassen sich Brücken bauen – auf einer Basis, die trägt. Denn aufgetragen ist allen Religionen – bei allen Unterschieden – ein Leben des Friedens.

H Beten im Judentum, Islam und Christentum

1. Theologische und didaktische Aspekte

Das Christentum war einst ein kleiner Teil des Judentums. Das Judentum war sozusagen das Mutterschiff des Christentums. Der frühe Islam wiederum hat sich im regen Austausch mit christlichen und jüdischen Menschen, ihren Ideen und Geschichten entwickelt. Wo im Klassenraum, in Nachbarschaften oder unter Arbeitskollegen muslimisch-christliche Beziehungen bestehen, wird oft kurz über Glauben und Religionen geredet, aber im Detail fehlt es dann schnell an Wissen. Daher sollen in diesem Kapitel die jüdische, muslimische und die christliche Religion den Sch in ihrem gelebten Alltag nahe gebracht werden. Dies erfolgt in diesem Kapitel am Beispiel des Betens und seiner verschiedenen Rituale und Bedeutungen innerhalb der drei Religionen.

Die Sch lernen Rituale des Betens im jüdischen Glauben kennen. Das Sch^{e}má Jisrael nimmt eine zentrale Rolle im jüdischen Glauben ein und erinnert Jüdinnen und Juden immer wieder an die Geschichte ihres Volkes, insbesondere: nach der langen Zeit der Unterdrückung und Sklaverei in Ägypten, die Befreiung und der Bundesschluss Gottes mit dem Volk Israels mit der Zusage Gottes, immer für sein Volk da zu sein. Mit dieser bewegenden Zeit wird der Text des Sch^{e}má Jisrael verbunden und macht hierbei die lange Tradition des jüdischen Glaubens deutlich. Für Jüdinnen und Juden stellt es eine Art Glaubensbekenntnis dar. Das gesungene Sch^{e}má erklingt zum Beispiel im Synagogengottesdienst. Je nach Leserhythmus der Gemeinde wird es zm Beispiel einmal im Jahr auch aus der Thorarolle vorgelesen, genauer gesagt dem Buch D^{e}warim (= 5. Mose). Beim Gottesdienst werden Kippa und Gebetsschal angezogen.

Das Gebetsritual der Muslime besteht aus Rezitationen von Koranversen verbunden mit verschiedenen Körperhaltungen. Das Gebet bringt die Hingabe gegenüber Gott zum Ausdruck, es verherrlicht Gott und stellt gleichzeitig die Bitte um Gottes Führung im Leben dar. Die innere Haltung, die der Betende einnimmt, soll in den einzelnen Gebetshaltungen zum Ausdruck kommen. Das Gebet der Muslime erfolgt nach verschiedenen Regeln: symbolische Waschungen zur Darstellung der inneren und äußeren Reinheit, Einnahme eines sauberen Standorts beim Gebet mittels eines Gebetsteppichs (Vgl. RU PRAKTISCH Band 1). Muslime beten so, wie sie es beim Propheten Mohammed kennengelernt haben. Herauszuheben ist hierbei die Haltung des Sadschda. Indem der Muslim den Kopf bis auf den Boden senkt, drückt er aus, dass er gegenüber Gott nur ein kleiner Teil des Universums ist, aus Erdenstaub erschaffen. Das Herz steht dabei über dem Kopf, was bedeutet, dass der Glaube und die Liebe zu Gott alles andere überschreiten soll. Der Mensch unterwirft sich Gottes Willen. Das Wort „Islam“, also „Hingabe“, findet hier seinen leiblichen Ausdruck.

Im Christentum gibt es als zentrales und weltweit verbindendes Gebet das Vaterunser. Es ist Bestandteil der Bergpredigt im Matthäus-Evangelium. Im Gegensatz zu jüdischen oder islamischen Gebetsriten ist das christliche Gebet nicht so stark von körperlicher Handlungen (Anlegen eines Gebetsschals, aufstehen/knien) geprägt. Als Merkmal hervorgehoben werden kann die Handhaltung zum Gebet (gefaltete/übereinander gelegte Hände). Begleitet wird dieses Ritual z. B. im Gottesdienst durch brennende Kerzen und Glockenläuten. Durch die Ansprache „Vater" begreift sich der Beter als Tochter/Sohn in Gottes Familie. So kann jeder Christ mit Gott ganz persönlich sprechen. Durch die Verwendung des Beziehungsbegriffs „Vater" rückt die geheimnisvolle, unbekannte Macht Gottes in ihrer helfende Wirklichkeit nahe. Das Vaterunser drückt die Bitte/den Wunsch nach dem Kommen des Reiches Gottes aus, in dem den Menschen Lebensnotwendiges und darin eingeschlossen auch Liebe usw. gegeben sind („unser tägliches Brot gib uns heute"). Die Bitte „Vergib uns unsere Schuld wie auch wir vergeben unseren Schuldigern" lässt die Einsicht in die eigene Schuld und die Notwendigkeit der Schuldvergebung anderen gegenüber deutlich werden. Als Abschluss erfolgt ein Lobpreis an Gott („Denn dein ist das Reich und die Kraft und die Herrlichkeit in Ewigkeit").

2. Kompetenzen und Ziele

Die Schülerinnen und Schüler …

- lernen Beispiele zentraler Gebete der drei Religionen kennen (Sachkompetenz)
- gewinnen Kenntnisse über die unterschiedlichen Formen und Inhalte jüdischer, islamischer und christlicher Gebetstraditionen und -rituale (Sachkompetenz, Differenzierung)
- nehmen die verschiedenen Gebetstraditionen als Merkmale der unterschiedlichen Glaubenspraxis der drei Religionen wahr und spüren ihnen nach (Wahrnehmungskompetenz)
- begreifen das Gebet als Ausdruck einer vertrauensvollen Beziehung zu Gott (Sachkompetenz)
- lernen das Vaterunser als Grundgebet der Christenheit kennen und eignen es sich im Wortlaut an (Sachkompetenz).

3. Unterrichtsschritte

a. Beten im Judentum: Die Bedeutung des Sch^{e}má Jisrael

Einstieg: L stellt Bezug zur bereits behandelten Exodusgeschichte (s. Kapitel B. Mose: Gott befreit und geht mit) her, indem er die dort verwendeten Symbolkarten für das „Dank- und Erinnerungsfest" den Sch zeigt. Sch wiederholen die für die Israeliten zentrale Bedeutung des Auszugs aus der Sklaverei in Ägypten mit Gottes Hilfe und der Schließung des Bundes zwischen dem Volk Israel und seinem Gott, in dem Gott ihnen verspricht, ihr Gott zu sein und für sein Volk da zu sein.

L spielt den hebräischen Gesang des Sch^{e}má Jisrael vor: „Was hier gesungen wird, stammt aus der Zeit des Bundes."

Sch liest Mit-Sch die Übersetzung des Sch^{e}má Jisrael, das mit OHP für alle sichtbar an die Wand geworfen wird, vor (1).

Erarbeitung: L weist darauf hin, dass die Worte des Sch^{e}má Jisrael für jeden Juden eine Art Glaubensbekenntnis bilden, das jeden Tag gesprochen werden sollte, um sich an Gottes Bund mit seinem Volk zu erinnern.

Festigung: Sch erhalten Text des Sch^{e}má Jisrael in zerstückelter Form (2) und setzen ihn wieder zusammen.

Hinweis: im Rahmen der Erarbeitung der Bedeutung der Tora als wichtiges Element des jüdischen Glaubens die Sch auffordern, zur nächsten Stunde ein für sie wichtiges

Buch/Schriftstück (Lieblingsbuch, Comic, Poesiealbum, Familienbibel, schönes Bild, Urkunde, ...) mitzubringen.

b. Beten im Judentum: Rituale beim Beten

Einstieg: Die von den Sch mitgebrachten Bücher/Schriftstücke werden in der Mitte des Stuhlkreises gesammelt. Sch betrachten die mitgebrachten Exemplare und berichten sich gegenseitig, warum sie die jeweiligen Bücher ausgewählt haben. Zu den einzelnen Schriftstücken wird erklärt, wie sie in die Hand genommen werden und was man wie mit ihnen macht (Poesiealbum hat einen Verschluss, der vorsichtig geöffnet wird. In das Buch wird sorgfältig ein schöner Spruch geschrieben und verziert. Eine Urkunde wird in eine Hülle gelegt und in einem besonderen Hefter verwahrt oder in einem Bilderrahmen an die Wand gehängt. Ein Comic wird aus der Tasche gezogen. Er darf ruhig Eselsohren bekommen.) Jede Buchgattung hat ihre Form der Handhabung. Sch versuchen, die mitgebrachten Exemplare nach ihrer Handhabung zu ordnen.

Erarbeitung: Sch erfahren, dass das Sch^{e}má Jisrael in der Tora niedergeschrieben ist, die mit den enthaltenen Schriften den Mittelpunkt des jüdischen Glaubens darstellt.

Sch lernen an Hand der Fotos (3-5) und L-Informationen das jüdische Ritual des Lesens aus der Tora kennen, in dem sich der hohe Stellenwert der Tora im jüdischen Glauben widerspiegelt.

Sch gestalten selbst eine Schriftrolle und überlegen sich dazu, was für sie wichtige Themen/Inhalte wären. Von der Klasse wird eine eigene Rolle (z.B. auf einer Thermopapierrolle für Faxgeräte) mit selbstgestalteten Texten, Sprüchen, Bildern, ..., die den Sch wichtig sind, hergestellt. Die gestalteten Sch-Arbeiten werden zu einer Kette von Erzählungen, Sätzen und Bildern zusammengefügt und um zwei Stäbe gerollt.

Hinweis: Den Sch sollte bewusst werden, dass es sich hierbei nicht um eine jüdische Schriftrolle handelt, sondern um eine (mehrheitlich) christliche Rolle mit Dingen, die ihnen wichtig sind.

c. Beten im Islam: Rituale beim Beten und ihre Bedeutung

Einstieg: pantomimisches Spiel verschiedener Hör- und Sprechsituationen in Gruppen, z.B. ein Fußballstar schießt ein Tor und die Fankurve fängt an zu jubeln; ein Urwaldforscher hört einen Paradiesvogel, sucht ihn, lauscht und versucht dessen Laute nachzumachen; ein Untertan tritt vor seinen König und bittet ihn um ein Stück Land, auf dem er ein Haus bauen oder einen Baum pflanzen will; jemand trifft einen Menschen, den er sehr mag, und will ihm zeigen: Ich finde dich gut, du bist wichtig für mich; Du sprichst mit Gott und sagst ihm, dass du heute seine Hilfe brauchst; Präsentation der Gruppenergebnisse, wobei der Schwerpunkt auf die letzten beiden Beispiele gelegt wird.

Erarbeitung: L stellt Sch mit Hilfe der Videosequenz vor, wie Muslime in ihrem Gebet das Gespräch mit Gott führen und wie sich das in ihrer Haltung ausdrückt.
alternativ: Anstatt der Videosequenz können Fotos zu den islamischen Gebetshaltungen gezeigt werden.
Hinweis: ausführlichere Darstellungen finden sich in: Meyer, Karlo: Lea fragt Kazim nach Gott, 2006 oder in: Meyer, Karlo: Weltreligionen. Sehen, hören, gestalten, 2009.

Sch schildern ihre Wahrnehmung zu der gezeigten Sequenz. (Dabei sollte aufgegriffen werden, dass das Gebet normalerweise in arabischer Sprache ausgeführt wird und im Video zum Verständnis in deutscher Sprache wiedergegeben wird). Sch lernen die Bedeutung des islamischen Gebets in deutscher Sprache kennen.

Vertiefung: Besonders eingegangen werden soll auf die Gebetshaltung „Sadschda" (6): Wie fühlt man sich, wenn man ganz mit dem Kopf am Boden ist? Ausgeliefert, peinlich, Blut läuft in den Kopf, ...; Stellt euch vor, es stellt sich jemand vor euch ... Ein Gefühl der Angst kann entstehen, aber auch ein Gefühl der Sicherheit, dass der andere, der vor mir steht, mich in der Situation beschützt; Was sagt diese Haltung gegenüber Gott aus? Ich mache mich klein, um Gottes Größe zu zeigen, ich lobe Gott und bin demütig, ich vertraue auf Gott, dass er mich beschützt. Den Sch wird bewusst, dass sich in der Verknüpfung des Rezitierens von Korantexten mit der körperlichen Bewegung leibliches Tun und innere Haltung im Gebetsverlauf ergänzen. Die innere Einstellung erfährt durch die leibliche Bewegung ihren Ausdruck.

Festigung: Sch bearbeiten (7).

d. Beten im Christentum: Das Vaterunser als zentrales Gebet im Christentum

Einstieg: im Stuhlkreis, um eine Kerze herum sind Karten mit kurzen Gebetstexten (8) (verschiedene Arten von Gebeten) verteilt. L zündet eine Kerze an oder schlägt eine Glocke, Sch lesen zunächst in Stille die Gebete. Sch erkennen/erarbeiten, dass es sich um Gebete handelt. Sch tragen ihre Erfahrungen und Kenntnisse zum christlichen Gebet zusammen (Ist ihnen eins der Gebete bekannt/vertraut; evtl. berichten Sch von eigenen Ritualen/Umgängen bzgl. des Betens, nennen eigene Lieblingsgebete, Momente, in denen sie beten, beten sie allein oder mit anderen?).

Erarbeitung: Ggf. wissen Sch bereits um die zentrale Rolle des Vaterunser im Christentum (kennen es aus Kinder-Gottesdiensten, ...), ansonsten nimmt L die Gebetskarte des Vaterunser und stellt es den Sch als das Gebet vor, das Christen auf der ganzen Welt beten.

L schreibt an die Tafel unter der Überschrift „So können alle Christen auf der Welt mit Gott sprechen" verschiedene Übersetzungen des „Vaterunser": „Our father in heaven" (England, Amerika, ...); „Notre père qui es aux cieux" (Frankreich, ...); „Padre nostro che sei ne' cieli" (Italien, ...); „Padre nuestro que estás en el cielo" (Spanien, ...). Sch lesen jeweils den Anfang des Gebets und ordnen die Sprache, mit Hilfe des Lehrers, auf einer Weltkarte/einem Globus Ländern zu, in denen das Gebet so gesprochen wird. Sie identifizieren jeweils das Wort „Vater" in den Sprachen.

Sch bearbeiten AB (9).

Sch überlegen sich Situationen, in denen sie sich mit ihrem Vater unterhalten (fröhliches Gespräch, Bitte, Erzählung von etwas Besonderem, Gespräch über Trauer, Angst Wut, Wünsche äußern, ...); die angesprochenen Situationen werden an der Tafel gesammelt.

Sch diskutieren, ob dies alles auch Gott gegenüber gesagt werden kann. Impuls: „Im Vaterunser steht mit Absicht ‚Vater'." Sch nehmen wahr, dass durch die Ansprache „Vater" der Betende zu Gott wie ein Sohn bzw. eine Tochter in Gottes Familie sprechen kann. So wie man in der Familie ganz persönlich sprechen kann, kann der Betende auch zu Gott ganz persönlich Gutes und Ärgerliches ansprechen; das Tafelbild wird mit der Überschrift „Zu Gott sprechen wie zu einem liebenden Vater" versehen. Je nach familiären Situationen haben hier auch Abgrenzungen ihr Recht und sollten benannt werden.

e. Das Christentum: Rituale beim Beten

Einstieg/Erarbeitung: Sch tragen Rituale des Betens zusammen: In welcher Haltung beten Christen? (stehend, sitzend, kniend, mit gefalteten Händen, mit geschlossenen Augen, ...). Wenn das sozial-religiöse Umfeld es ermöglichst, kann überlegt werden:

- Gibt es feste, vorgeschriebene Zeiten, zu denen Christen beten? (keine fest vorge-

schriebenen Gebetszeiten, vor den Mahlzeiten, Abend-/Morgengebete, in traurigen Momenten, als Dank nach schönen Momenten, ...).
- Gibt es einen festen äußeren Rahmen, der beim Gebet berücksichtigt wird? (z. B. angezündete Kerze, in der Kirche Glockenläuten, ...).

Festigung: Sch bearbeiten das AB (10).

Abschluss der Einheit: Sch spüren verschiedenen Gebetshaltungen nach, als Hilfestellung kann das bearbeitete AB (10) dienen. Den Sch wird zusammenfassend bewusst, dass im Gebet auf vielfältige Art und Weise das Gespräch mit Gott geführt werden kann, wobei ausschlaggebend ist, dass das Gebet mit Herz und innerer Überzeugung geführt wird.
Hinweis: Der Abschluss der Einheit kann, wenn möglich, in Verbindung mit einem Kirchenbesuch erfolgen; Kindern/ggf. deren Eltern anderer Religionen muss bewusst sein, dass es nicht darum geht, in der Kirche zu beten, sondern im Rahmen der Unterrichtseinheit „Beten“ Vorschläge für Gebete und Gebetshaltungen in der Kirche wahrzunehmen und zu erleben.

Beten im Judentum: Das Sch^{e}má Jisrael

Beten im Judentum: Das Sch^{e}má Jisrael

Kannst Du das Sch^{e}má Jisrael wieder zusammenfügen? Schneide aus und klebe auf.

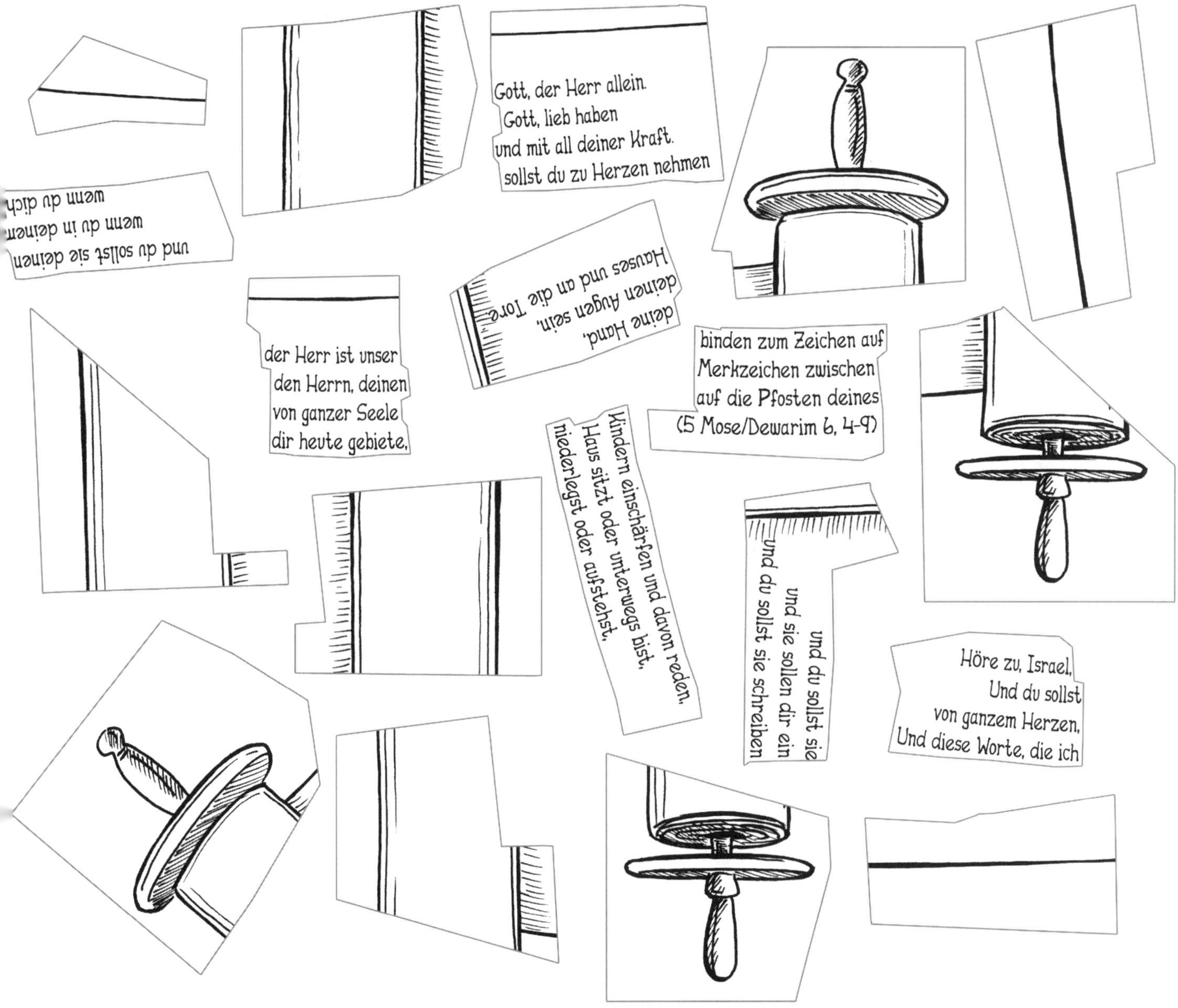

3 Beten im Judentum: Rituale beim Beten und ihr Bedeutung

Auf dem Foto links ist Ben. Er ist Jude.
Ben geht zum Beten in eine Synagoge. Bevor er den Synagogenraum betritt, muss er sich eine Kappe, die sogenannte Kippa, aufsetzen. Dadurch drückt er Ehrfurcht gegenüber Gott aus.

4 Beten im Judentum: Rituale beim Beten und ihre Bedeutung

Anschließend legt er den Tallit, den Gebetsschal, an. Dabei spricht er ein Segensgebet.
Der Tallit, der wie ein großer Schal aussieht, hat eine festgelegte Zahl von Fäden und Knoten. Ben küsst einen der geknoteten Fäden. Die vielen Fransen erinnern Ben an die Weisungen und Regeln in der Tora. Durch das Küssen wird der Respekt gegenüber diesen Regeln ausgedrückt.

5 Beten im Judentum: Rituale beim Beten und ihre Bedeutung

Die Torarolle enthält die Geschichten Gottes mit seinem Volk. Dies ist der Mittelpunkt von Bens Glauben. Auch das Sch^{e}má Jisrael ist hier aufgeschrieben.
Zum Lesen der Tora wird der Jad zu Hilfe genommen. Es ist ein Zeigestab, der hilft, während des Lesens in der richtigen Zeile zu bleiben, ohne die Tora mit der Hand zu berühren.

Beten im Islam: Die Gebetshaltung Sadschda

Kazim und seine Freunde beten in ihrer Moschee. Eine Gebetshaltung heißt Sadschda. Dies ist für Kazim der bedeutungsvollste Teil des Gebetes.

Kazim geht mit dem gesamten Körper nach vorne und wirft sich nieder. Sein Blick ist ebenfalls auf den Boden gerichtet. Sein Kopf ist unterhalb des Herzens. Durch diese Haltung drückt Kazim aus, dass Gott am wichtigsten ist. Kazim lobt dazu Gott: „Gepriesen sei mein Schöpfer und Versorger …"

Beten im Islam: Die Gebetshaltung Sadschda

Die Haltung Sadschda sagt:

Beten im Christentum: Christliche Gebete

Müde bin ich, geh zur Ruh,
schließe meine Augen zu.
Vater, lass die Augen dein
über meinem Bette sein.
Hab ich Unrecht heut getan,
lieber Gott, sieh es nicht an.
Deine Gnad und Christi Blut
machen allen Schaden gut.
Alle, die mir sind verwandt,
Gott, lass ruhn in deiner Hand;
Alle Menschen, groß und klein,
sollen dir befohlen sein.

Amen.

Vater unser im Himmel,
geheiligt werde dein Name,
dein Reich komme, dein Wille geschehe
wie im Himmel so auf Erden.
Unser tägliches Brot gib uns heute.
Und vergib uns unsere Schuld,
wie auch wir vergeben unseren Schuldigern.
Und führe uns nicht in Versuchung,
sondern erlöse uns von dem Bösen.
Denn dein ist das Reich
und die Kraft und die Herrlichkeit
in Ewigkeit.
Amen.

(Mt 6, 9–13)

In Gottes Namen steh ich auf,
Herr Jesus, leite meinen Lauf,
begleite mich mit deinem Segen,
behüte mich auf allen Wegen.

Alle gute Gabe
kommt her von Gott, dem Herrn,
drum dankt ihm, dankt,
drum dankt ihm, dankt
und hofft auf ihn.

(Matthias Claudius)

Wo ich gehe,
wo ich stehe,
ist der liebe Gott bei mir,
wenn ich ihn auch niemals sehe,
weiß ich dennoch,
Gott ist hier.

Beten im Christentum: Das Vaterunser

Das Vaterunser

– Gebet der Christen auf der ganzen Welt –

Anna kann das Vaterunser schon auswendig.
Aber bei einigen Worten ist sie sich nicht sicher.
Fülle die Lücken!

Vater unser im ______________________________,

geheiligt werde dein Name,

dein ______________________________ komme,

dein ________________________ geschehe

wie im Himmel so auf ______________________________.

Unser tägliches _______________ gib uns heute.

Und vergib uns unsere ______________________________,

wie auch wir vergeben unseren Schuldigern.

Und führe uns nicht in ______________________________,

sondern erlöse uns von dem ______________________________,

denn dein ist das ______________________________,

und die ____________________________ und die

____________________________________ in Ewigkeit.

Amen.

Reich	Brot	Herrlichkeit	Schuld
	Versuchung	Himmel	Reich
Bösen	Erden	Kraft	Wille

10 Gebetshaltungen

Das alles kann Beten sein:

Das alles kann Beten sein, wenn das Herz bei Gott ist:

Stillsitzen – danken – nachdenken – leise murmeln – bitten – lauschen – kreischen – singen – tanzen – klagen – hocken

Was fällt dir noch ein? Führe die Liste weiter!

____

____

____

____

6 Projekt Bibel

Bibel: Die gute Nachricht weitersagen

1. Theologische und didaktische Aspekte

Die Bibel ist für Juden (nur AT) und Christen das tragende Fundament ihres Glaubens, gleichsam das „Buch der Bücher". In ihm spiegeln und deuten Menschen verschiedener Zeiten ihre Geschichte und ihre Erfahrungen als Erfahrungen des Glaubens. Diese artikulieren sich in Gebeten und Liebesliedern, in Flüchen und Segenssprüchen, in Einzelsagen und Sagenkränzen.

Was sie zusammenhält und verbindet, ist der Glaube an den gleichen Gott; ihre Mitte ist die Botschaft von der nicht endenden, liebenden Zuwendung Gottes zu uns Menschen und zur übrigen Schöpfung. So stellt die Bibel ein Buch mit vielen Erinnerungen der Menschen an Gottes Geschichten dar, festgehalten aus der *menschlichen* Sicht.

Immer wieder griffen nachfolgende Generationen in einem über 1000-jährigen Prozess altes Traditionsgut auf und formten es unter dem Eindruck veränderter Fragestellungen und Lebenskontexte aktualisierend in eine neue Zeit um.

So laden die alten Texte der Schrift wieder und wieder zum Dialog und zur Interaktion, zum entdeckenden Verstehen und zur Lebensorientierung ein. In der poetischen Sprache des Jesus Sirach: „Wohl dem, der stets mit Gottes Wort umgeht und es auslegt und lehrt, der's von Herzen betrachtet und gründlich verstehen lernt und der Weisheit immer weiter nachforscht, und schleicht ihr nach, wo sie hingeht. Und guckt zu ihrem Fenster hinein und horcht an der Tür ..." (Jesus Sirach 15,22–24). Solcher Aneignungs- und Tradierungsprozess bleibt notwendigerweise unabgeschlossen.

Die Bibel ist kein in sich einheitliches Dokument, sondern ein Sammelwerk mit vielfältigen literarischen Ausdrucksformen und Stimmen (s. o.) und heterogenen stofflichen Motiven (z. B. Schöpfung, Zukunft, Tod und Auferstehung, Leid, Dank, Reich Gottes), die sich einem oft langen und komplizierten Überlieferungsprozess verdanken.

Bis in die Königszeit bildete die mündliche Tradierung von Generation zu Generation die gängige Form der Traditionsvermittlung. Familie und Kult waren die wesentlichen Träger dieses Überlieferungsprozesses (vgl. Dtn 6, 20 f.; 26,11 ff.). Dieser setzte sich zunächst noch fort, als in davidisch-salomonischer Zeit das jahwistische Geschichtswerk eine erste schriftliche, theologisch einheitlich akzentuierte Zusammenfassung divergierender Einzeltraditionen unter der Thematik vornahm: Die Entstehung Israels durch Gottes Handeln von der Schöpfung bis zur Landnahme. Die Thematisierung dieses Gegenstandes im Rahmen des Grundschulunterrichts bedingt Elementarisierung und exemplarische Auswahl. Am Beispiel der Qumran-Funde (s. Abschnitt b), der Einführung in die biblische „Bibliothek" (Abschnitt c) und der Entstehung des Markus-Evangeliums (Abschnitt d) können erste Zugänge gefunden werden. Qumran und die Beschäftigung mit der Bibeltradierung im Mittelalter kann zudem das Gespür für die Sorgfalt der Überlieferung der Bibel durch die Jahrtausende wecken.

Der Bibliotheks- und Sammlungscharakter der Bibel, ihre Entstehung aus ursprünglich selbstständigen Traditionen und Büchern manifestieren sich auch in der Namensethymologie dieses Buches: „Bibel" kommt von gr./lat. „biblioi/biblia" = Papyrus-Blätter, Buchrollen, kleine Bücher, ist also ursprünglich Plural-Wort der Verkleinerungsform. – Evangelische Bibeln enthalten im AT 39 Bücher, während der katholische Kanon 45 kennt. Die Heilige Schrift enthält nach jüdischem wie christlichem Verständnis Gottes Wort und Offenbarung. Doch sie birgt diesen „Schatz" in „irdenen Gefäßen" (2 Kor 4,7). Zu diesen „irdenen Gefäßen" gehört auch, dass sich die biblischen „Schriftsteller" der Vorstellungen, Bilder, Denkkategorien und – mit dem Hebräischen und Griechischen – der Sprachen ihrer Zeit bedienten.

Eine Einführung in die Bibel als Buch wäre notwendigerweise unvollständig ohne Berücksichtigung der biblischen „Realien": äußere Form (Rolle, Codex); Gliederung der biblischen Bücher (Kapitel, Verse); Übersetzung(en) und Einführung in den technisch-handwerklichen Umgang mit der Bibel (Training im Aufsuchen von Bibelstellen). Auch wenn in dieser Einheit die Bibel als *Buch* im Mittelpunkt steht, also Fragen der Entstehung und Überlieferung, so muss doch deutlich bleiben, um was es *inhaltlich* geht: Die Worte der Bibel sind wie Samenkörner: „Den Sinn, den sie für uns haben, offenbaren sie nur, wenn sie in den Boden des Lebens gesät worden sind. Dort verwandelt sie das Leben und die Blüte erscheint. An der Blüte erkennt ihr den Sinn des Samenkorns." (Carlos Mesters, zitiert nach: Bischöfliches Ordinariat Limburg, Hg., Bibelarbeit in und mit der Gemeinde. Ort und Wege, Limburg o. J., S. 13).

Kapitel- und Verseinteilung: Diese dient als Verständigungshilfe. Die heute übliche Kapiteleinteilung stammt aus dem 13. Jahrhundert (England), die Verseinteilung führte ein Pariser Buchdrucker erst im 16. Jahrhundert ein.

Bibelverbreitung und Übersetzungen heute:

Die Bibel oder zumindest Teile der Bibel können in 2508 Sprachen und Dialekten gelesen werden. Damit ist die Bibel immer noch das am weitesten verbreitete Buch der Menschheit.

Die Auseinandersetzung mit der Bibel als *Buch* ist nicht Selbstzweck, sondern soll zu einem sachgerechten Verstehen der *Botschaft* der Bibel anleiten.

Biblisch erzählen

Bei den Erzählwerkstätten dieses Kapitels handelt es sich nicht um biblische Texte. Die Inhalte der Erzählwerkstätten haben ihren Schwerpunkt auf der Bedeutung des Festhaltens mündlicher Überlieferungen in schriftlicher Form, die zur Entstehung der Bibel als Sammlung verschiedenster Glaubenserfahrungen geführt haben.

2. Kompetenzen und Ziele

Die Schülerinnen und Schüler …
- erfahren, dass die Bibel ein Buch ist, das Juden und Christen für ihr Leben und ihren Glauben als Grundlage dient und somit sehr wichtig ist (Sachkompetenz)
- nehmen wahr, dass in den verschiedenen Büchern der Bibel Menschen von ihren Glaubenserfahrungen mit Gott und Jesus erzählen und dazu einladen, Zusammenhänge zum eigenen Leben zu entdecken und eigene Lebenserfahrungen auszudrücken (emotionale/kommunikative Kompetenz)
- wissen, dass Gottes Liebe zu uns Menschen und seine fürsorgliche Begleitung das gemeinsame Thema der unterschiedlichen Schriften der Bibel sind (Sachkompetenz)

- können in einfacher Form den Weg der Überlieferung von der mündlichen Tradierung zur schriftlichen Fixierung beschreiben (Sachkompetenz)
- lernen das Alte Testament (AT) und das Neue Testament (NT) als die beiden Hauptteile der Bibel kennen (Sachkompetenz)
- erfahren, dass die Bibel ursprünglich in Hebräisch bzw. Griechisch geschrieben wurde (Sachkompetenz)
- verfügen über technische Fähigkeiten im Umgang mit der Bibel (auffinden und zitieren können von Bibelstellen) (Sachkompetenz)

3. Unterrichtsschritte

a. Die Bibel – ein Bestseller

Einstieg: L zeigt ein „Guinness-Buch (ältere Auflage) der Rekorde" und lässt Sch dazu erzählen. – Sch nennen einige Rekorde, die sie kennen, z. B. der größte Mann (272 cm) – der älteste Mensch (120 Jahre) – das größte und schwerste Tier (Blauwal – 33,5 m, mehr als 163 t) etc.

Weiterführender L-Impuls: „Womit könnte die Bibel im ‚Guinness-Buch der Rekorde' stehen?" – Sch versuchen, Gründe dafür zu nennen.

L gibt folgende Hinweise:
- *Älteste* gedruckte Bibel: Gutenberg-Bibel
- von 1455. – Wert: ca. 5 Mio. Euro.
- *Größte* Bibel: 2,5 m dick; 804 Holzseiten à 1m^2; 547 kg (das entspricht dem Gesamtgewicht von ca. 17 Kindern eines 3. Schuljahres).
- *Kleinste* gedruckte Bibel: 4,5 cm x 3 cm; 2 cm dick (= etwa Streichholzschachtelgröße; es ist eine Lupe nötig, um diese Bibel überhaupt lesen zu können.) und 20 g schwer (etwa soviel wie ein Schulheft).
- Am *häufigsten gedrucktes und am weitesten verbreitetes* Buch der Welt: (Teil-)Übersetzungen in 2508 Sprachen und Dialekte (Guinness- Buch der Rekorde).

Veranschaulichung: L zeigt unterschiedliche Bibelausgaben. Sch stellen Vermutungen darüber an, was die Bibel wohl zum „Bestseller" hat werden lassen (Was schreibt ihr euch auf? → Wichtiges, was man nicht vergessen möchte/an das ihr euch erinnern wollt, z. B. eine Notiz; Nachrichten für andere über etwas, was ihr ihnen gerne mitteilen wollt, weil es wichtig/schön/interessant ist und sie daran teilhaben sollen, z. B. einen Brief).

b. Qumran – Kostbare Schriften vom Rande der Wüste

Einstieg: L zeigt Sch eine Zeichnung einer Qumranrolle (1).

Sch beschreiben die äußeren Merkmale der Rolle und stellen Vermutungen an über:
- Rollenform
- Farbe
- Material

Erarbeitung: Erzählwerkstatt: Die Schriftrollen am Toten Meer bei Qumran (2).

Sch suchen Informationen zu den Qumranrollen (Internet, Bücher, ...) und tragen sie auf einem Wandbild (in der Form gestaltet wie ein Fragment der alten Qumranrollen) zusammen. Herausgearbeitet werden sollte, dass die Rollen wesentliche Elemente des AT enthalten, das die Sch noch heute in der Bibel wiederfinden.

L greift (1) noch einmal auf und gibt Sch Information darüber, dass die Texte der Rollen in hebräischer Sprache, in der die Schriften des Alten Testaments, verfasst sind, also auch die Jesaja-Rolle: von rechts nach links geschrieben und gelesen – Rollenanfang „hinten" – keine Vokale...

Vertiefung: Sch bearbeiten AB (3).

c. Die Bibel – Eine Bibliothek mit vielen Büchern

Vorbereitung/Einstieg: Sch gestalten einen „Bibel-Büchertisch" und bringen dazu verschiedene Bibelausgaben mit (Familienbibeln, alte Bibeln, Kinderbibeln, Bibelbilderbücher, Bibeln in anderen Sprachen, Sachbücher zu Bibeln, ...); Sch betrachten die „Bibelsammlung" und tragen Gemeinsamkeiten/Unterschiede der verschiedenen Exemplare zusammen (Größe, Gewicht, Alter, Schrift, viele/keine Bilder, Titel auf dem Einband, Inhaltsverzeichnisse, Anhänge mit Erklärungen, Landkarten, ...?).

Erarbeitung/Gruppenarbeit: je 2–3 Sch erhalten eine Bibel, die sie genauer betrachten z. B. Titel; 2 Inhaltsverzeichnisse für AT und NT; Vielzahl von Büchern – verschiedene Namen mehrmals – wechselnde Begriffe, z. B. „Buch", „Psalter", „Evangelium", „Brief" etc. – Anhang mit Karten, Sach- und Worterklärungen, Zeittafel etc.

Sammlung der Ergebnisse auf einem vorbereiteten Wandbild (gestaltet wie das Deckblatt des Kapitels unter der Überschrift: „Die Bibel – eine Bibliothek mit vielen Büchern"; mögliche Anmerkung des L: Bibel heißt ‚Buch'. In einer Stadtbücherei gibt es verschiedene Abteilungen: Kinderbücher, Sachbücher, Tierbücher, ... In der Bibel ist das ähnlich: Es gibt das AT und das NT. L führt in Gebrauch der Inhaltsverzeichnisse zum AT und NT ein und informiert über die Kapitel- und Verseinteilung der biblischen Bücher. Die verschiedenen Schriften der biblischen Bibliothek wurden in mehr als 1000 Jahren von vielen Menschen geschrieben. Sch nennen die Abteilungen von AT und NT und ordnen verschiedene Bücher diesen Abteilungen zu.

Zuordnungsübungen:
Folgende Schritte führen zum Auffinden einer Bibelstelle, z. B. Psalm 24,7:

1. In den Inhaltsverzeichnissen zum AT und NT nachsehen, in welchem Teil der Bibel das gesuchte Buch (Psalm 24) zu finden ist. (Dort steht auch, auf welcher Seite die Psalmen beginnen.)
2. Seite aufschlagen, auf der die Psalmen beginnen.
3. Kapitel 24 (groß, fett gedruckt) suchen.
4. Innerhalb des Kapitels 24 Vers 7 suchen (kleine Zahl).

Zum Aufbau und zur Übung des Aufschlagens von Bibelstellen: (4).

d. Wie das Markus-Evangelium entstand

Einstieg/Erarbeitung: Erzählwerkstatt: L trägt Szene 1 vor (5).

Sch erwägen Möglichkeiten, wie in der römischen Gemeinde die Verkündigung des Petrus nach dessen Tod fortgeführt werden kann (z. B. Predigten des Apostels aus der Erinnerung aufschreiben, andere Augenzeugen und Gehilfen der Apostel fragen ...).

L trägt Szene 2 der Erzählwerkstatt vor. Sch übernehmen die Rolle der Christen, die sich heimlich treffen, und tragen zusammen, welche Jesus-Geschichten sie bereits kennen. Jeder Sch schreibt die Geschichte auf, die ihm besonders wichtig ist/besonders gefällt. – Sch lesen einander ihre Texte vor, vergleichen sie und ergänzen. Sie suchen Verbindungslinien zwischen den einzelnen Erzählungen. Die Geschichten werden dann zu einer Geschichtenfolge (Wandbild) verbunden. Zu beachtende Vorerwägungen: Reihenfolge? Doppelungen vermeiden; Verbindungsstücke? Überschrift? Die zusammengestellten Texte werden zu einer Bibel-Rolle zusammengeklebt. Sch schreiben auf, welche Aufträge Markus für seine Arbeit mit auf den Weg gegeben werden sollen.

L trägt Szene 3 vor. Sch bearbeiten in Einzel- oder Partnerarbeit AB (6).

Sch hören Szene 4 der Erzählwerkstatt. Sch empfinden die Freude der Gemeinde über die aufgeschriebene frohe Botschaft nach, indem sie das „Brot brechen“ der Gemeinde in der Erzählwerkstatt und im Liedspiel (7) nachvollziehen.

Festigung: Sch bearbeiten AB (8).

e. Vom Weg der Bibel durch die Jahrhunderte

Die Bibel im Mittelalter: L informiert die Sch anhand von (9) vorbereitend auf das Projekt/die Stationsarbeit über folgende Gegenstände:
- Klöster als Orte mittelalterlicher Bibeltradierung
- Mühen und Kosten der Anfertigung von Abschriften
- Die Bedeutung von Gutenbergs Erfindung der Buchdruckerkunst für die Verbreitung der Bibel

Hinweis: Zum Wirken Martin Luthers und seinen Einfluss auf die Verbreitung der Bibel im Mittelalter siehe Kapitel F. Evangelisch – Katholisch – Ökumene: Auf gute Nachbarschaft, Abschnitt b.: Wie es zur Trennung kam.

Projekt/Stationenarbeit: Die Sch gehen der Fragestellung nach, welche Möglichkeiten zur schriftlichen Verständigung/zum Austausch von Botschaften bestehen, und erhalten Einblicke in die Entwicklung von alten Schriften und Schriftzeichen bis hin zum griechischen Alphabet und dem Buchdruck.

Einstieg: L fordert Sch auf, einen einfachen Satz ohne Buchstaben „aufzuschreiben“, z. B. „Eine Hütte steht einsam im Wald.“ Sch werden vermutlich einfache Bilder oder Zeichen vorschlagen. – L stellt Verbindung zu der Zeit vor Erfindung des Alphabets her. Welche Möglichkeiten zur schriftlichen Verständigung, zum Austausch von Botschaften, zum Abfassen von Verträgen etc. bestanden?

Sch realisieren beim Durchlaufen der einzelnen Stationen die verschiedenen Entwicklungsstufen der alten Schriften bis zur heutigen Bibel.

Materialien:
1. Station: s. (10)
2. Station: selbst hergestelltes Blatt Papier, Stift (11)
3. Station: Knete, Bleistift (12)
4. Station: Stift (13)
5. Station: Holzklötze, Schnur, Stempelkissen/Tuschkasten (14)

Durchführung: Die 1. Station (Herstellung von Papyrus) sollte im Klassenverband erfolgen, da die Sch hierzu Anleitung und Hilfe benötigen). Die übrigen Stationen können die Sch mittels der Aufgabenzettel (10 – 14) und einem Schreibblatt bearbeiten.
Hinweis: Weitere Gestaltungsvarianten zum Thema Bibel finden sich in:

Freudenberg, Feste feiern. Gestaltungsvorschläge für Grundschule / Sonderschule, 1996, S. 133ff
Freudenberg, Freiarbeit mit RU PRAKTISCH Bd. 1, 2002, S. 125 ff.

Qumran – Kostbare Schriftrollen

Erzählwerkstatt: Qumran – Kostbare Schriften vom Rande der Wüste

Einstimmung:
Der Beduinenjunge Muhammad zieht auf der Suche nach Weideland mit seiner Schaf- und Ziegenherde durch die karge Gegend nordwestlich des Toten Meeres.

Szene 1:
Muhammad erreicht mit seiner Herde das Flusstal bei Qumran, wo sie Halt machen. Muhammad setzt sich in den Schatten einer Schirmakazie und hütet seine Herde.

Szene 2:
Plötzlich schrecken ihn herabpolternde Steine auf: Oben in den zerklüfteten Felsen haben sich Steine gelöst. Muhammad schaut an der Felswand hoch und entdeckt ein Loch, kaum größer als der Kopf eines Menschen. Das Loch scheint in eine Höhle zu führen. Neugierig klettert Muhammad zu der seltsam geformten Öffnung.

Szene 3:
Er zwängt er sich durch den schmalen Eingang. Im Dämmerlicht erspäht er mehrere, etwa 60 cm hohe Tonkrüge. Vorsichtig öffnet er den Deckel des ersten Kruges: leer! Der zweite Krug: leer! Muhammad ist enttäuscht.
Doch im dritten Krug stößt er auf ein Bündel staubiger Lappen. Er zieht es heraus. Beim Berühren zerfällt das Leinen, das im Innern eine braune Pergament-Rolle birgt (2). Er will die Rolle schon wegwerfen, da entdeckt er Buchstaben und Schriftzüge. Er kann sie nicht entziffern. Wie fast alle Beduinen hat Muhammad nie lesen und schreiben gelernt. Auch anderen Krügen entnimmt der Hirte alte Pergament-Rollen. Er trägt sie abends ins Lager.

Szene 4:
Durch Zufall hören Altertumsforscher in Jerusalem von Muhammads Fund in den Bergen am Toten Meer. Sie untersuchen die Rollen mit ihren merkwürdigen Schriftzeichen – und machen eine bedeutende Entdeckung: Vor ihnen liegen 2000 Jahre alte, kostbare Bibelhandschriften des Alten Testaments. Sie sind trotz ihres Alters hervorragend erhalten, weil die Krüge, die sie bargen, sorgfältig versiegelt waren. Zehn andere Höhlen mit weiteren Schriftrollen – insgesamt etwa 800 – werden zwischen 1947 und 1956 entdeckt. Sie alle gehörten zur Bibliothek des nahegelegenen Klosters Qumran. Als 70 Jahre vor Christi Geburt Krieg ausbrach und römische Soldaten vorrückten, versteckten die Qumran-Mönche die Schriftrollen in den unwegsamen Bergen hinter ihrem Kloster. Das Kostbarste, das sie besaßen, sollte auf keinen Fall den heidnischen Feinden in die Hände fallen!

Geheimschriften aus Höhle 9

Du bist mit Muhammad noch einmal in die Höhle 9 zurückgekehrt. Dort findest du einige Pergamentfetzen. Versuche sie zu entschlüsseln!
Tipp: Lies sie – wie eine hebräische Handschrift – von rechts nach links.
Schreibe deinem Sitznachbarn eine Geheimbotschaft!

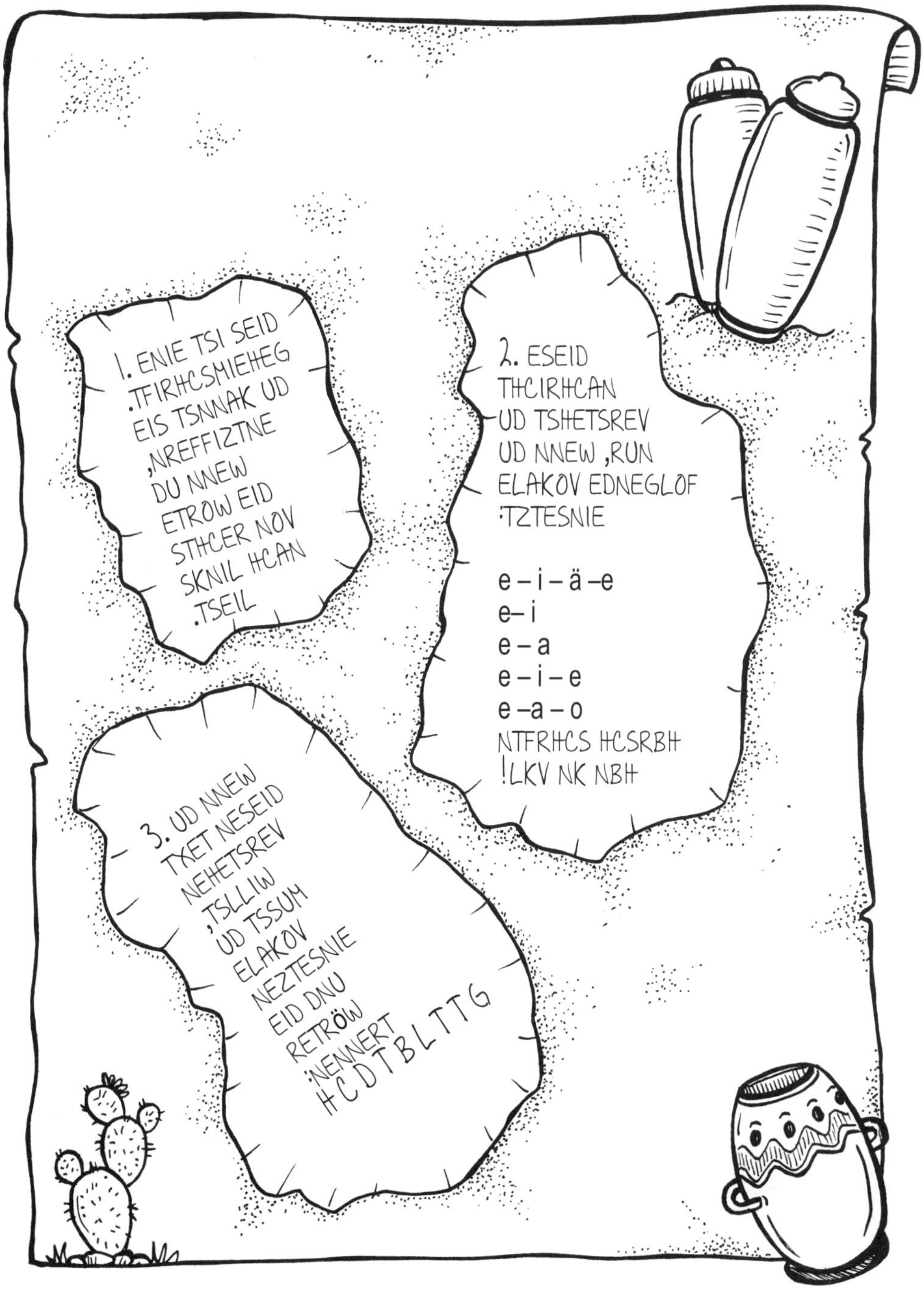

Zum Auffinden und Aufschlagen von Bibelstellen

Wie gut kennst du dich in der Bibel aus?

Hier geht es ums Essen: Ordne die verschiedenen Speisen aus der Bibel den Personen zu, die sie gegessen haben.

Lies nach bei	1. Mose 3,6	1. Mose 25,34
	2. Mose 16,13	Matthäus 26,26.

Der Bibelgarten: Ordne den angegebenen Bibelstellen die Pflanzen zu, die dort vorkommen!

2. Mose 2,3	2. Mose 3,2	Johannes 12,13

Erzählwerkstatt: Wie das Markus-Evangelium entstand

Einstimmung:
Die Christen in Rom leben in großer Gefahr und Angst. Sie werden vom römischen Kaiser Nero verfolgt. Er lässt Christen gefangen nehmen und sogar töten. Auch der Apostel Petrus wurde schon hingerichtet. Viele der Christen halten sich versteckt. Um weiter in der Gemeinschaft mit anderen Christen sein zu können, müssen sich die Christen heimlich treffen.

Szene 1:
Bei ihren Treffen essen die Christen gemeinsam Brot und trinken Wein. Dabei wollen sie sich an Petrus erinnern, mit dem sie so oft gemeinsam Mahl gehalten haben und der ihnen dabei viel von Jesus und seinen Erlebnissen mit Jesus erzählt hat. Aber wer kann ihnen nun von den Taten Jesu erzählen? Außer Petrus war keiner von ihnen dabei.

Szene 2:
Die versammelten Christen kommen auf die Idee, die Geschichten zu sammeln, die sie über Jesus gehört haben. Andreas schlägt vor, dass Markus, der lange Zeit Petrus auf seinen Reisen begleitet hat, Petrus' Erzählungen und Predigten aufschreiben soll, damit sie diese gemeinsam lesen können, wenn sie zusammenkommen.

Szene 3:
Markus beginnt aus seiner Erinnerung aufzuschreiben, was Petrus ihm über Jesus erzählt hat. Auch andere hören von dieser Idee und beginnen die Geschichten, die sie über Jesus kennen, aufzuschreiben, damit sie nicht in Vergessenheit geraten.

Szene 4:
So wie Markus schreiben viele Menschen über Jahre Geschichten auf, die sie über Jesu Taten, sein Leben und seine Kreuzigung wissen.
Der Gemeinde der Christen bedeutet die Sammlung der Geschichten sehr viel, können sie sich jetzt doch gemeinsam treffen, den Berichten über Jesus zuhören und darüber reden und gemeinsam Mahl halten.
Unter all den gesammelten Schriften nimmt unter anderem die Schrift des Markus eine besondere Stellung ein. Sie ist für die Menschen wie eine frohe Botschaft und wird deshalb als Evangelium bezeichnet.

In der Werkstatt des Markus

Markus sind die vielen Berichte, Predigten und Jesus-Erzählungen durcheinander geraten. Hilf ihm, sie in die richtige Reihenfolge zu bringen!

a) Nummeriere die Rollen auf dem Arbeitsblatt. Nimm die Bibel zu Hilfe.
b) Schneide die Rollen aus und klebe sie in der richtigen Reihenfolge auf.
c) Welches Wort entsteht aus den Lösungsbuchstaben, die auf den Rollen stehen?

Lied: Alle an einem Tisch

Text und Musik: Siegfried Macht

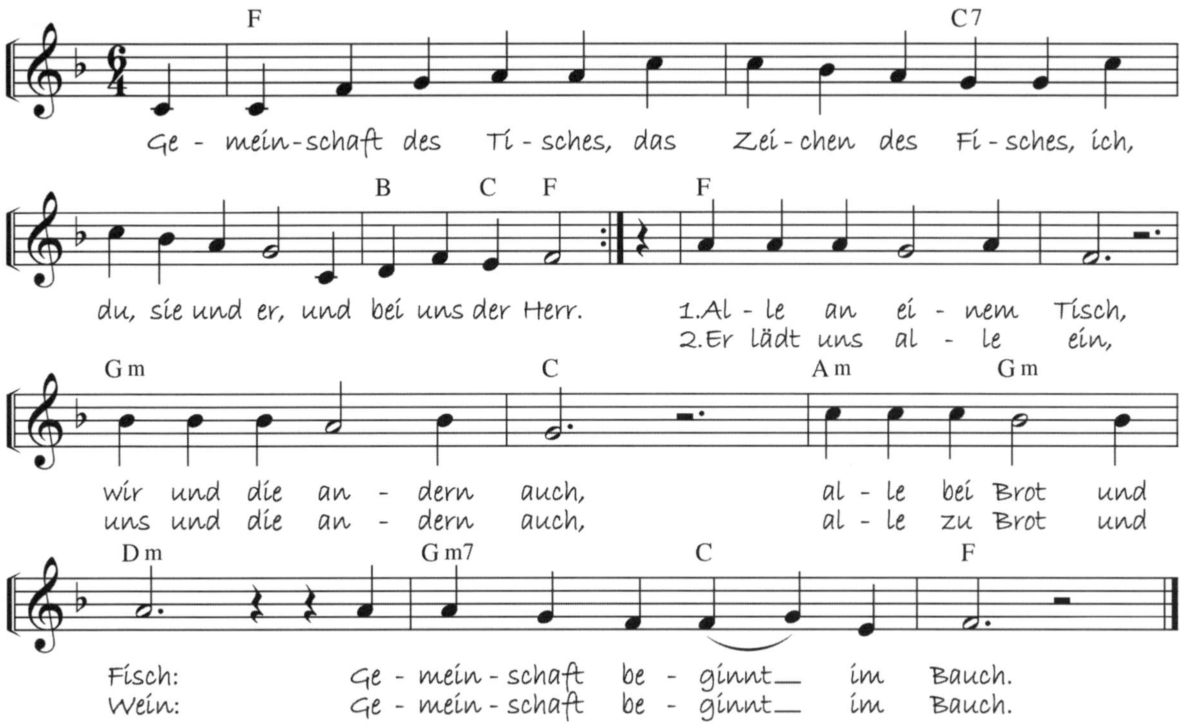

aus: Macht, Siegfried. Haus aus lebendigen Steinen. Lieder für kleine und große Leute. Strube Verlag München 1999

Tanz zum Lied:

Der Tanz zum Lied der Tischgemeinschaft Jesu versammelt die Tanzenden im Kreis, so als säßen sie um einen großen runden Tisch herum:

Takt	Bewegung
A-Teil (Takt 1–4)	
1	mit Wechselschritt seitwärts nach rechts: re-li-re
2	mit Wechselschritt seitwärts nach links: li-re-li
3	Rechts vorwärts zueinander, auf links zurückwiegen
4	Rechts rückwärts setzen, links vorwiegen
A-Teil wiederholen (Takt 5–8 = 1–4)	
B-Teil (Takt 9–16)	Über die Kreisbahn gehen gegen den Uhrzeigersinn

Von Jesus zum Markusevangelium

Schneide Texte und Bilder aus. Ordne sie einander zu und klebe sie auf!

Nach Ostern begreifen die Jünger viele Worte Jesu erst richtig. Sie glauben an ihn. Die Botschaft Jesu breitet sich aus.

Die ersten Gemeinden entstehen. Sie feiern Gottesdienst. In Predigt und Unterricht wird die Frohe Botschaft weitergesagt. Einzelne Jesus-Worte und Geschichten werden aufgeschrieben und immer wieder im Gottesdienst vorgelesen.

Jesus wandert mit seinen Jüngern durchs Land. Besonders Armen und Kranken erzählt er vom Anbruch einer neuen Zeit, vom Reich Gottes. Er macht Kranke gesund. Die Mächtigen hassen Jesus. Er muss sterben.

Erste kurze schriftliche Sammlungen werden angelegt. Sie enthalten Gleichnisse und Wunderberichte oder erzählen von Jesu Tod und Auferstehung.

Die Jesus-Botschaft breitet sich immer weiter aus. Ein Christ namens Markus trägt die vielen mündlichen Berichte und schriftlichen Sammlungen zusammen. Aus der Sammlung wählt er wichtige Teile aus, ordnet sie und verbindet die einzelnen Geschichten. So entsteht das Markus-Evangelium.

Erzählwerkstatt: Die Bibel im Mittelalter

Einstimmung:
Das Leben in einem mittelalterlichen Kloster war hart und streng. Die Mönche mussten viel beten und arbeiten. Die Mönche stellten viele Dinge, die sie für das alltägliche Leben brauchten, selbst her. So gab es z. B. Mönche, die Äcker bebauten und ernteten, oder Handwerker, die Arbeitsgeräte herstellten oder ausbesserten.

Szene 1:
Viele Mönche beschäftigten sich damit, die Bibel abzuschreiben und zu vervielfältigen. Da es noch keinen Buchdruck gab, musste die Bibel per Hand abgeschrieben werden. Geschrieben wurde auf selbst hergestelltem Papier aus Tierfell und mit Federn. Auch die Tinte wurde von den Mönchen selbst hergestellt. Geschrieben wurde zwischen den Gebetszeiten und anderen Pflichten, denen die Mönche nachkommen mussten.

Szene 2:
Meist hatten die Klöster nur wenige Bibeln zur Vorlage, sodass viele Mönche eng beisammen saßen und ihnen die Texte diktiert wurden. Wurde beim Schreiben ein Fehler gemacht, wurde die Tinte an der Stelle mit einem Messer abgekratzt und neu geschrieben. Die Mönche mussten sich sehr konzentrieren, da die Bibeln auf Latein, der damaligen Kirchensprache, geschrieben wurden.

Szene 3:
Mit dem vollständigen Abschreiben der Bibel war ein Mönch oft sein Leben lang beschäftigt. Es wurden nicht nur die Texte aufgeschrieben, die Bibeln wurden auch verziert. So wurden die Anfangsbuchstaben der Kapitel oder der Buchdeckel z. B. mit Edelsteinen und Gold verziert.

Szene 4:
Da die Herstellung einer Bibel so lange dauerte und sehr aufwendig war, waren die damaligen Bibeln sehr wertvoll und teuer. Nicht viele konnten es sich leisten, eine eigene Bibel zu besitzen. Oftmals war dies den Kirchen und reichen Leuten vorbehalten.
Erst als Johannes Gutenberg den Buchdruck erfand, wurde die Herstellung einer Bibel einfacher und günstiger. Nun hatten mehr Menschen die Möglichkeit, sich eine Bibel zu kaufen.

Projekt: Von einfachen Bildern zum Alphabet

1. Station: Sch stellen selbst Papyrus her

Schon im 3. Jahrtausend v. Chr. benutzten die Ägypter Papyrus, eine Schilfart, die am Nil wächst, als Schreibmaterial. Es wurde in 40 cm lange Streifen geschnitten und in mehreren Lagen abwechselnd längs und quer übereinander gelegt. Anschließend wurden die quadratischen Blätter mit einer kalkhaltigen Flüssigkeit getränkt, gepresst, getrocknet und mit Elfenbein geglättet. Auch Bücher der Bibel wurden auf Papyrus geschrieben.

Die Ägypter schrieben mit Rohrfedern oder Pinseln aus Schilf und mit Tinte aus Ruß und Wasser auf Papyrus.

Alternative: Papyrus in Schreibwaren- und Bastelgeschäften kaufen.

Zur Herstellung von Papier wird benötigt:

Zeitungspapier, Kleister, Färbemittel, Eimer, Holzrahmen mit Drahtnetz dazwischen, Löffel, altes Tuch

Anleitung:

Papierschnitzel für einen Tag in Kleister einlegen (kann man auch in unterschiedlichen Farben tönen)

Holzrahmen auf Eimer legen, damit flüssige Papiermasse in den Eimer tropft

Papiermasse mit Löffel auf dem Drahtnetz verteilen und mit den unterschiedlichen Farben ein Bild gestalten (Papiermasse nicht zu dick auftragen)

Papyrusbilder einen Tag trocknen lassen

Projekt: Von einfachen Bildern zum Alphabet

2. Station: Die Hieroglyphenschrift der Ägypter

Vor der Zeit der Ägypter schrieben die Menschen ihre Botschaften mit kleinen Bildern.
Vor 5000 Jahren:
Die Ägypter entwickelten die Bilderschrift zur Hieroglyphenschrift.
Erinnerst du dich? Schreibe in Hieroglyphenschrift auf, welche Geschichte aus der Bibel in Ägypten spielt!

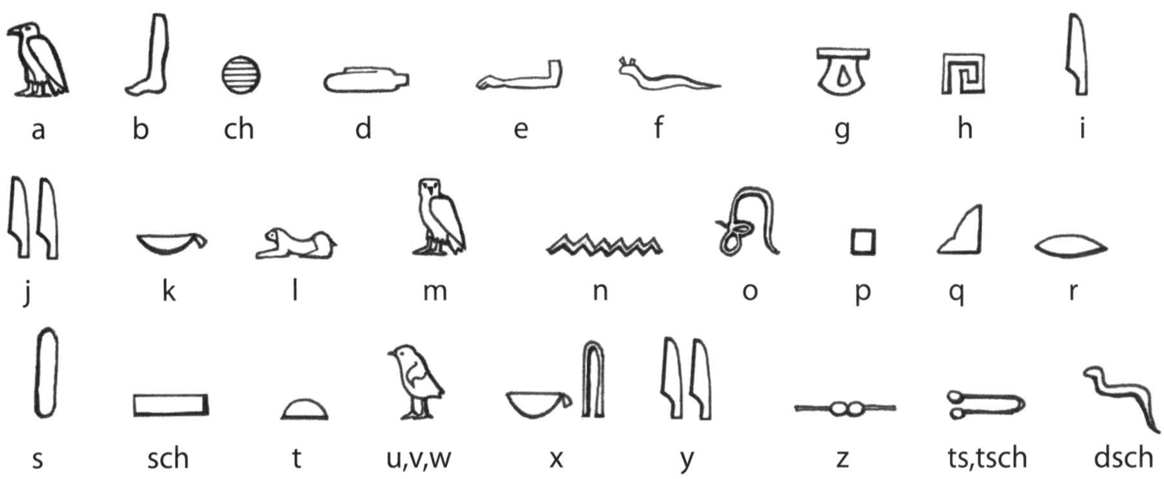

Projekt: Von einfachen Bildern zum Alphabet

3. Station: Die Keilschrift der Babylonier

Vor 4500 Jahren:
Die Babylonier entwickeln die Keilschrift. Die Schriftzeichen (Wortsilben) wurden mit einem keilförmig angespitzten Griffel in weichen Ton gedrückt. Die Keilschrift sah so aus:

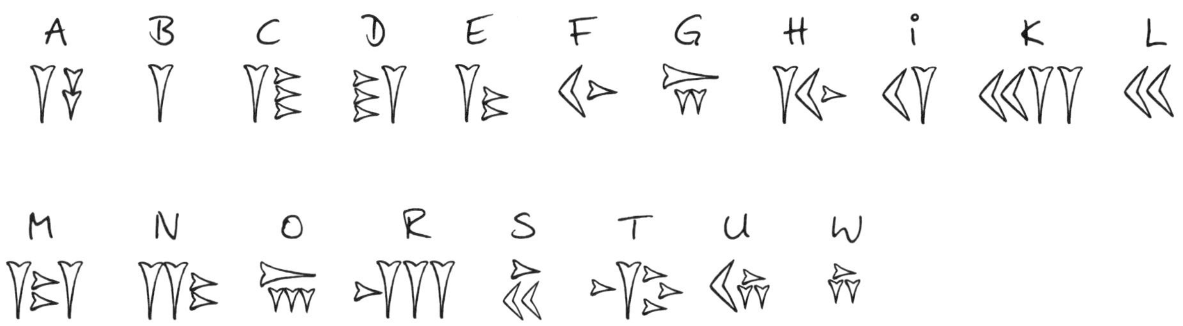

Schlage in der Bibel Mk 10,14 auf.
Drücke mit der Spitze deines Bleistifts den Satz, den du dort findest, in die Knete.

? Überlege: Warum schreiben wir heute nicht mehr in der Keilschrift?

Projekt: Von einfachen Bildern zum Alphabet

4. Station: Das griechische Alphabet

Vor 3000 Jahren entstand in Griechenland das Alphabet mit 24 Buchstaben (mit Vokalen):

Α	Β	Γ	Δ	Ε	Ζ	Η	Θ	Ι	Κ	Λ	Μ	Ν	Ξ	Ο	Π	Ρ	Σ	Τ	Υ	Φ	Χ	Ψ	Ω
A	B	G	D	E	Z	AE	TH	I	K	L	M	N	X	O	P	R	S	T	YÜ	PH	CH	PS	O

Welche Buchstaben kommen dir bekannt vor? Kreise sie ein!

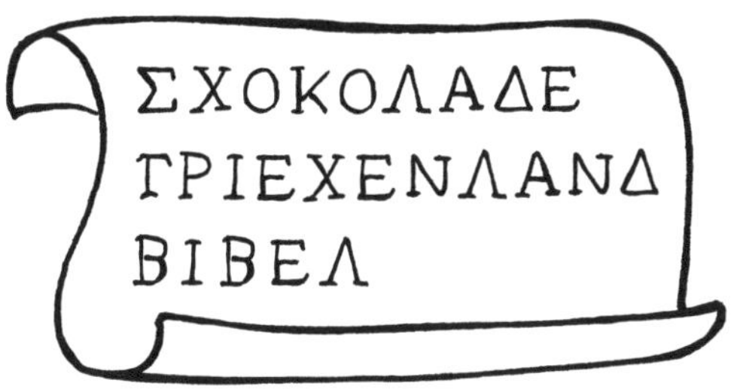

? Kannst du die Wörter lesen?

Projekt: Von einfachen Bildern zum Alphabet

5. Station: Der Buchdruck

Vor 600 Jahren erfand Johannes Gutenberg den Buchdruck mit Druckpressen. Vorher mussten die biblischen Schriften in Klöstern mühsam von Hand abgeschrieben werden.

Mach dir deinen eigenen Druckstock:

1. Schreibe ein Wort auf ein Holzklötzchen.
2. Klebe eine dünne Schnur auf die Buchstaben.
3. Drücke den Druckstock auf ein Stempelkissen/Male den Druckstock mit Tusche an.
4. Drucke das Wort auf Papier.

? Geht es schneller, das Wort 20 mal aufzuschreiben oder 20 mal zu drucken?